Características de este libro

El libro puede acompañar y enriquecer cualquier curso de español como lengua extranjera.

El libro ha sido diseñado teniendo en cuenta:

El Marco Común Europeo de Referencia para las lenguas. Niveles A1,
A2 y B1.
El Plan Curricular del Instituto Cervantes.
El Plan Curricular del Centro de Enseñanza para Extranjeros (CEPE) de la Universidad Nacional Autónoma de México (UNAM).
La frecuencia de uso del vocabulario en español.
El vocabulario y uso del español de México.

El libro contiene prácticamente todos los verbos y el vocabulario necesario para que cualquier persona pueda comunicarse sobre todos los temas de la vida y rutina cotidianas.

El libro, para su mejor uso y consulta práctica, está dividido en capítulos referentes a los distintos momentos o tiempos del día, así como a todas las actividades de la vida y rutina cotidianas de cualquier persona común.

El libro puede utilizarse solo. Pero puede aprovecharse mejor, si se usa en conjunto con los demás materiales del Método Esmeralda.

El libro contiene además:

Listas de verbos:
Lista de los 594 verbos utilizados en toda la rutina cotidiana.
Verbos listados por capítulo y ordenados alfabéticamente.
Verbos listados por página y ordenados alfabéticamente.
Verbos listados por página y ordenados según su aparición.
Para trabajar con el libro:
Preguntas de comprensión de lectura.
Con materiales audiovisuales en:
www.metodoesmeralda.com.mx

Esmeralda Martínez Fonseca nació en México en 1991. Profesora de español para extranjeros. Autora y creadora del método Esmeralda para la enseñanza-aprendizaje del idioma española como lengua extranjera, basada en La Rutina Diaria. En 2016 concluyó los 3 primeros libros de este método innovador, La Rutina Cotidiana de Esmeralda, La Rutina Cotidiana de Esmeralda. Versión corta, Verbos de la Rutina Cotidiana de Esmeralda. En 2017, dos libros más se terminaron, Vocabulario de La Rutina Cotidiana de Esmeralda y el Libro de lectura de La Rutina Corta de Esmeralda.

Esmeralda

Índice General

Presentación del Método Esmeralda

Innovar. Innovar. Innovar.

Innovar fue el verbo que siempre tuvimos presente cuando nos dispusimos a conceptualizar y desarrollar todos los materiales necesarios para crear un método innovador –un método nuevo y original hasta donde fuese posible– para la enseñanza-aprendizaje del idioma español como lengua extranjera.

Los siguientes 6 libros son el resultado de este esfuerzo y constituyen en conjunto la base de este nuevo **Método Esmeralda**.

La Rutina Cotidiana de Esmeralda.
La Rutina Cotidiana de Esmeralda. Versión corta.
Verbos de La Rutina Cotidiana de Esmeralda.
Vocabulario de La Rutina Cotidiana de Esmeralda.
Libro de lectura de La Rutina Corta de Esmeralda.
Estructura y gramática columnadas del idioma español según el Método Esmeralda.

Deseamos sinceramente que **Esmeralda y su rutina cotidiana de un día... ¿normal?** que corresponde al libro quinto del Método Esmeralda sea un material de gran utilidad y apoyo para todas aquellas personas que quieran aprender o ampliar sus conocimientos de nuestra bella lengua española.

Profra. Esmeralda Martínez Fonseca

Presentación de Esmeralda y su rutina cotidiana de un día... ¿normal?

El Método Esmeralda de enseñanza-aprendizaje de español como lengua extranjera está concebido para cualquier persona que esté interesada en aprender, practicar o mejorar el idioma español.

El Método Esmeralda es un método nuevo y original que pretende innovar el proceso de enseñanza-aprendizaje del idioma español como lengua extranjera.

Este libro Esmeralda y su rutina cotidiana de un día... ¿normal? es el libro de lectura del Método Esmeralda.

Esta obra está dividida en 26 capítulos-subrutinas que se corresponden en general con los diferentes momentos o tiempos del día de la rutina cotidiana de cualquier persona común.

Esta característica de los diferentes momentos o tiempos del día es la base y estructura del Método Esmeralda y del libro Esmeralda y su rutina cotidiana de un día... ¿normal?, pues cada rutina sigue un orden "natural y cotidiano", es decir, mantiene un orden semejante al de todos nosotros cuando desarrollamos nuestras actividades normales en la vida diaria, así como los distintos roles que adoptamos en diversas situaciones. Ejemplo:

Al despertar en la recámara en la mañana
En el baño en la mañana
Arreglándome en la recámara
A la hora del desayuno
Preparándome para salir de casa en la mañana
...
En mi recámara por la noche

Las oraciones que conforman el contenido del libro Esmeralda y su rutina cotidiana de un día... ¿normal? están presentadas, casi en su totalidad, en la forma personal más usada del lenguaje: Yo...

Yo despierto...
Yo me levanto...
Yo salgo de...
Yo voy a...
Yo trabajo..., etc.

Todas las oraciones son reales y cotidianas y pertenecen al habla usual y general de México. Además, todas las oraciones funcionan también como modelos o ejemplos comunes en el uso del idioma español.

Esmeralda y su rutina cotidiana de un día... ¿normal? se encuentra escrita en primera persona del singular (Yo) y en tiempo presente del modo indicativo, debido a que ésta es la manera más rápida y fácil para aprender a usar un nuevo idioma. A partir de esto, el alumno posee un punto de partida inmejorable para aprender, practicar y mejorar el nuevo idioma que aprende, puesto que tiene la opción de convertir con más facilidad las oraciones afirmativas en oraciones negativas; cambiar el verbo de tiempo presente a tiempo pasado, futuro o cualquier otro tiempo y modo; e incluso puede cambiar el pronombre personal de Yo por algún otro que sea necesario, o transformarlas del género masculino al femenino, etc.

Esta obra contiene prácticamente todos los verbos (594 verbos) y el vocabulario suficiente y necesario para poder desenvolverse comunicativamente y con gran eficacia en todas las subrutinas y situaciones de la vida cotidiana.

Deseamos sinceramente, por último, que Esmeralda y su rutina cotidiana de un día... ¿normal? del Método Esmeralda sea un material de gran utilidad y apoyo para todas aquellas personas que quieran aprender o ampliar sus conocimientos de nuestra bella lengua española.

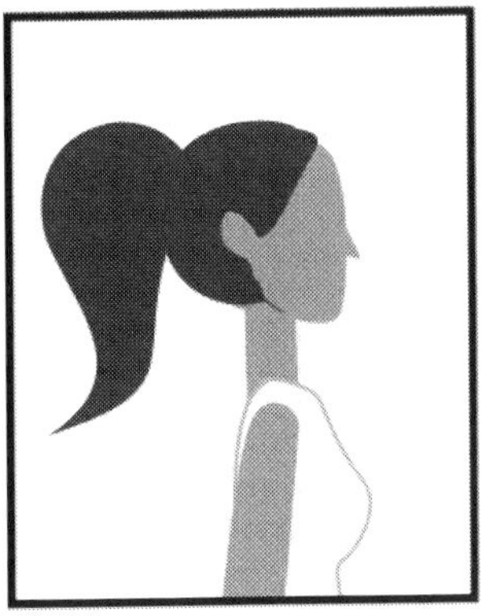

ESMERALDA

ESMERALDA
de niña

CARLOS

RICARDO

SOFÍA

DANIEL

POMBONCITO

POMBONCITA

Índice Temático

1

Presentación de Esmeralda

¡Hola, Amigos Lectores!

Me presento:

Yo me llamo Esmeralda Martínez Fonseca.

Tengo 24 años de edad y soy mexicana.

Yo nací en la linda y calurosa ciudad de Iguala, en el Estado de Guerrero, en México.

Yo soy soltera y vivo sola. Actualmente vivo y trabajo en la Ciudad de México.

Yo soy maestra de español. Enseño español a extranjeros. Trabajo en el Centro de Enseñanza para Extranjeros (CEPE) de la Universidad Nacional Autónoma de México (UNAM).

Yo ya he escrito 4 libros para la enseñanza y el aprendizaje del español como lengua extranjera.

Éste es el quinto libro que escribo. Es un libro de lectura de español para extranjeros.

Y en este libro les voy a contar mi rutina cotidiana de un día... ¿normal?

Lean y descúbranlo. Vean.

2

Al despertar en la recámara en la mañana

Amigos lectores, la alarma del despertador suena a las 7:00 de la mañana todos los días.

Yo despierto. Abro los ojos y volteo a ver la hora en el despertador.
—¡Cielos! ¡Ya son las siete de la mañana en punto y hoy es día viernes! Debo levantarme para ir a trabajar, pero...

—¡Ajum! -bostezo-. ¡Ajum!

Yo tengo mucho sueño todavía. Yo no quiero levantarme de la cama. No quiero dejar mi cama aún, por eso yo me acomodo en mi camita. Sigo durmiendo unos minutos más. Sueño que yo soy una princesa.

De repente siento en mis pies un bulto pequeño. El bulto es, además de pequeño: suave, gordo y calientito. El bulto se mueve un poco debajo de la sábana y luego se acomoda muy bien para continuar durmiendo. Volteo hacia mis pies y miro el bulto suave, gordo y calientito. Supongo que es...
—¡Pomboncito! -digo, conteniendo casi un grito alegre.
Sí, efectivamente es Pomboncito. Pomboncito es un dragoncito, de color azul celeste, muy bonito y bastante divertido.
Él está durmiendo y... ¡hasta roncando!

—¡Ay, Pomboncito, qué dormilón eres! -digo.

Yo quiero contarles aquí, amigos lectores, que Pomboncito es mi mascota y que Pomboncito no es real. Pomboncito es imaginario. ¡Sí, Pomboncito es un ser completa y absolutamente imaginario! Lo repito por sílabas: i-ma-gi-na-rio. Ahora lo digo por letras: i-m-a-g-i-n-a-r-i-o. Y sin embargo... ¡Pomboncito existe gracias al poder de mi imaginación!
Yo lo imaginé un día. Lo imaginé cuando yo era niña y jugaba a que yo era una princesa, porque yo, amigos lectores, como ya lo saben,

tengo un nombre muy bello y de princesa:

—Yo me llamo ESMERALDA - les digo a todos ustedes, muy sonriente y alegre. Les mando un besito volado. Continúo:

—Les prometo que hoy va a ser un día lindo, mágico, romántico y divertido. Lean y comprueben por qué. Yo les sonrío feliz y les guiño un ojo de manera amistosa y cómplice.

Les contaba que yo imaginé a Pomboncito. Fue un día, por la mañana, cuando yo era una niña de cinco años y jugaba en el patio soleado de mi casa a que yo era una princesa de verdad. Yo recuerdo perfectamente aquel día:

—¡Yo soy la hermosa Princesa Esmeralda! -digo yo, parada en el patio soleado de mi casa y con edad de cinco años-. Y una princesa debe tener una mascota. Pero no una mascota común y corriente como un perro o un gato, o un pájaro o una tortuga. No, eso no. Hago una pausa, respiro hondo y luego sigo:

—Una princesa como yo, la hermosa Princesa Esmeralda de cinco años de edad, debe de tener una mascota muy especial y única en el mundo. ¡Debe de tener una mascota mágica! Por eso yo voy a imaginar y a crear a... Hago otra pausa, respiro hondo nuevamente, y enseguida digo con voz muy potente y alegre:

—¡Pomboncito, un dragón bebé, bonito y divertido!

A continuación cierro mis ojos para imaginar cómo va a ser mi bonito dragón bebé. Y lo imagino así:

Pomboncito va a tener un cuerpo gordito y hermoso, y de color azul celeste, para que parezca un cachito de cielo.

Pomboncito va a tener un par de pequeñas alas amarillas como los rayos del sol, y también va a tener algunas motitas del mismo color en su cuerpo.

Pomboncito va a tener un cuernito amarillo y muy suave -tan suave y dulce como un bombón- en su frente.

Y Pomboncito también va a tener un par de ojos redondos y saltones, como pelotas blancas de ping pong, y con pupilas de color cielo.

Ahora yo vuelvo a abrir mis ojos y digo con voz muy alta y alegre, y con la pose de un sacerdote que bautiza:
—Yo te voy a bautizar y a poner el nombre de Pomboncito, porque serás tan suavecito y dulce como un bombón bonito y rico.

Sigo:
—Además, Pomboncito, tú vas a ser mi mascota para toda mi vida, por siempre y para siempre. Concluyo, con postura infantil actoral exagerada:

—¡Pomboncito, yo te imagino y te creo ahora! Aparece ¡ya!

Y justo en este momento yo agito mi mano derecha, como si en ella tuviera una varita mágica y la estuviera sacudiendo mágicamente.

Y al sacudir mi mano con la varita mágica imaginaria: ¡Puummm! ¡Aparece Pomboncito!

¡De la nada -o mejor dicho, desde mi imaginación- aparece Pomboncito, el dragón bebé, bonito y divertido!
Pomboncito está frente a mí, volando con sus alas pequeñitas, flotando en el aire, muy sonriente y feliz.

Y desde aquel día maravilloso y mágico en el soleado patio de mi casa, Pomboncito está siempre conmigo.

Bueno, casi siempre, porque a veces Pomboncito se escapa y se va volando para jugar con los niños y las niñas. Pero otras veces, él se va a hacer travesuras graciosas y divertidas con ellos.
Yo tengo que explicar aquí algo muy importante. Dije que yo imaginé a Pomboncito y que yo lo creé con mi pura imaginación. Por eso, en un principio pensé que solamente yo podría verlo. Sin embargo, la verdad es que no es así, y no sé por qué, pero tooooodos los niños y niñas del mundo, ¡afortunadamente!, también pueden verlo y jugar con él. ¡Cosa que me hace inmensamente más feliz todavía!

Vuelvo a mirar la hora en el despertador: ahora son las 7:10 de la mañana.

—Ahora sí, ya tengo que levantarme.Pero Pomboncito sigue durmiendo y... ¡obvio, como todo buen dragón bonito y dormilón, sigue roncando: rrrrronc rrrrronc y rrrrronc!

—Pomboncito, ya es hora de levantarse. Hoy es viernes 21 de marzo y comienza la estación de la primavera -digo y, riendo traviesamente, empujo con mis pies a Pomboncito para que se caiga de la cama y despierte. Pomboncito cae al piso de la recámara, rebota de panza un par de veces ¡poinc poinc! y después rueda un poco por el piso. Se despierta de inmediato. Luego se sienta en el piso de la habitación y se me queda mirando, muy confundido y un poco atolondrado, con sus enormes ojos redondos y saltones. No sabe por qué o cómo se cayó de la cama. Está desconcertado. No se imagina que yo lo tiré de la cama a propósito. Ja ja ja, yo me río mucho y divertidamente. Por eso, Pomboncito se da cuenta de que yo lo empujé fuera de la cama de manera intencional.

—¡Al agua, pato! -le digo, sonriendo, al tiempo que me destapo. Luego me siento en mi cama y doy un par de aplausos alegres-. El día ya comenzó. Hoy inicia la primavera, la estación más alegre y romántica del año. Y además, ya es hora de bañarse, Pomboncito. Son las 7:12.
Pero Pomboncito, como todo buen dragón, le tiene miedo al agua y no quiere bañarse conmigo, y es por eso que mejor se marcha volando ¡zzzuuummm! por la ventana abierta de mi recámara, con dirección al cielo soleado.

—¡Pomboncito miedoso! -le grito, muy divertida, mas él ya no alcanza a escucharme. Y esto se lo digo sólo de broma, porque yo sé muy bien que los dragones no se bañan con agua. Todo el mundo sabe, como ustedes amigos lectores, que los dragones se bañan solamente con rayos calientes de sol.

A continuación yo me levanto y salgo de mi cama. Me pongo mi bata blanca con puntitos de varios colores: rojos, azules, amarillos, verdes, rosas, anaranjados, blancos, cafés, negros, rojos, morados, etcétera. Luego me pongo mis pantuflas y camino por mi recámara. Voy hacia la ventana abierta. Veo hacia el cielo y miro a Pomboncito volando muy feliz y risueño con dirección al sol brillante. Va volando y realizando varias piruetas juguetonas en el aire. Dejo la ventana y camino hacia el contacto de la luz de la habitación. Enciendo la luz, pero mi cuarto se ve casi igual de iluminado que antes, así que mejor apago la luz.

Después ando hacia la puerta de mi recámara, la abro y salgo de mi habitación un poco rápido. Camino aprisa por el corredor y me voy andando rápidamente con dirección al baño. Me apuro para ir al baño, porque... ¿adivinen qué, amigos lectores? Yo tengo ganas de... ¡Ay, qué pena me da contarles esto! ¡De verdad que me sonrojo! Pero lo tengo que decir: —Yo tengo ganas de ir al baño. ¡Me anda del baño! Tengo ganas de hacer pipí y popó.

Así que con su permiso, amigos lectores, yo me apuro y corro hacia el baño. ¡Zuuummm!

3

En el baño en la mañana

Yo llego casi corriendo ¡zzzuuuuummm...! al baño. Abro la puerta y entro rápido. Prendo la luz del baño y cierro la puerta con seguro.
Luego voy hacia la taza del baño. Me subo la bata, me bajo los pantalones de la piyama y me siento en la taza. Entonces hago pipí y popó. Y... ¡pum pum! ¡Ay, qué pena! Me echo unos peditos: ¡pum pum! Después cojo papel de baño, me limpio y me paro. Voy al lavabo, abro las llaves del agua y me lavo las manos muy bien con jabón. A continuación me cepillo mis dientes blancos y hermosos.
Me miro en el espejo del baño, y me digo en broma:

—Querida Princesa Esmeralda, hoy viernes 21 de marzo, día en que comienza la estación de la primavera, luces más hermosa y alegre que de costumbre –y me sonrío feliz.

De pronto, recuerdo que precisamente hoy, viernes 21 de marzo, tengo una cita con Carlos Soles.
¡Ay, el amor!
Suspiro y pienso: ¡Ay, Carlos!

Amigos lectores, quiero que sepan que Carlos Soles es solamente un amigo y nada más que un simple amigo. No vayan ustedes a suponer o a imaginar otra cosa, ¿de acuerdo?

Carlos es un muchacho muy inteligente y guapo. Es más alto que yo y tiene un cuerpo bastante atlético porque practica karate y natación todos los días. Él es artista y, más específicamente, es pintor y escultor. Y debo decir con total sinceridad que Carlos es un excelente artista. ¡Es un pintor y escultor muy famoso y reconocido en todo el mundo! Sus pinturas y esculturas son como sueños divertidos, modernos, mágicos y coloridos, y se pueden admirar en las mejores galerías de arte y museos de México, los Estados Unidos, Europa, Asia y otros muchos países y continentes del mundo.
A Carlos lo conocí en el Centro de Enseñanza para Extranjeros (CEPE) de la Universidad Nacional Autónoma de México (UNAM).

Yo soy maestra de español para extranjeros y trabajo ahí, en el CEPE de la UNAM. El CEPE es la mejor y mayor escuela de México en donde se enseña español a los extranjeros que viven en mi país.

Así que si todos ustedes, amigos lectores, si quieren aprender a hablar español, pueden venir a buscarme aquí, en la universidad. Bueno, les sigo contando acerca de Carlos. Una mañana Carlos acompañó, al CEPE de la UNAM, a su amiga Brigitte Bardot, una hermosa joven de nacionalidad francesa, para que estudiara y aprendiera a hablar español.

Brigitte Bardot, la amiga de Carlos, se llama igual que la famosa actriz y cantante francesa del siglo pasado, quien fue un ícono sexual no sólo en Francia y Europa, sino en todo el mundo.

Carlos llevó a Brigitte Bardot hasta la puerta del salón de clases. Yo era la maestra de ese grupo y estaba enseñando español básico a un nuevo grupo de alumnos extranjeros. Ése fue el momento cuando yo vi y conocí a Carlos por primera vez.

Amigos lectores, yo tengo que contarles un secreto. Es un secreto que tengo guardado en mi corazón desde hace ya varias semanas. Es un secreto que nadie lo sabe, que nadie lo conoce:

—¡Carlos está enamorado de mí! -les digo.

¡Ay, qué emoción! Me ruborizo de la pura pena al confesarlo, pero quiero que lo sepan todos ustedes. Yo no quiero que haya ningún secreto entre ustedes y yo, ¿eh?

Carlos está enamorado de mí. Él me dice, y me recuerda siempre, que se enamoró de mí desde el primer momento en que me vio por primera vez. Él me dice siempre, todo el tiempo:

—Fue amor a primera vista, Esmeralda. Apenas te vi, me enamoré de ti. ¡Eres la mujer más hermosa y agradable del mundo!
Aquí quiero hacer un paréntesis para explicar lo siguiente:

Cuando Carlos y yo estamos solos y en confianza, él no me llama por mi nombre de Esmeralda, sino que me llama con el nombre afectivo y amoroso de Bebé.

Carlos argumenta que él es diez años de edad más grande que yo, y que por lo tanto yo, a su lado, soy simple y absolutamente una bebé. Por eso, en suma, me dice de cariño que yo soy su Bebé.

¡A mí me gusta mucho que él me llame Bebé! ¡Ay, lo dice tan bonito! Perdón, amigos lectores, pero quiero hacer otro paréntesis aquí para narrar un suceso muy curioso que me sucedió cuando Carlos me dijo, por primera vez, que se había enamorado de mí. Más que explicarles o contarles, prefiero que lo vean. Miren:

Carlos está sentado frente a mí y me acaba de confesar:

—Fue amor a primera vista, Bebé. Apenas te vi, me enamoré de ti. ¡Eres la mujer más hermosa y agradable del mundo!

Apenas Carlos termina de hablar, Pomboncito, como si lo hubiese escuchado, llega volando y se detiene sobre la cabeza de Carlos y empieza a olfatearla a profundidad y con detenimiento. Olisquea toda la cabeza de Carlos. Pomboncito le olfatea la nuca, las orejas y toda la cara. Pomboncito está aprendiendo a conocerlo y reconocerlo por medio del puro olfato. ¿Para qué o por qué lo hace, amigos lectores? La verdad, yo no lo sé con seguridad, aunque lo supongo. Carlos, naturalmente, no ve a Pomboncito, porque éste es imaginario, invisible; pero sobretodo porque Pomboncito está detrás de él siempre. Sin embargo, Carlos sí siente algo cuando mi mascota imaginaria le olfatea las orejas y el cuello por los costados. Por un momento creo y hasta temo que, si Carlos se volteara hacia el lado en donde está Pomboncito, sí podría verlo.

De manera discreta, sin que Carlos me vea, yo le hago señas desesperadas a Pomboncito para que deje de olfatear a Carlos y se aleje de inmediato. De pronto, Carlos al parecer siente algo, pues mueve la cabeza y una mano como si quisiera espantarse un molesto mosquito.

Justo en esos momentos, cuando Pomboncito considera que ya captó para siempre el olor humano particular, personal y único de Carlos Soles, sin hacer nada más, se aleja volando muy rápida y decididamente, como si ahora ya tuviera un destino fijo e inconfundible adonde dirigirse. Éste fue el suceso curioso que me sucedió.

Continúo contándoles mi secreto, amigos lectores. Carlos me dice todo el tiempo que me quiere muchísimo y que me ama infinita y apasionadamente. Él me dice que él ya no quiere que yo sea simple y sencillamente su amiga. Carlos quiere que yo sea su ¡novia!

Él, siempre que tiene la oportunidad, cuando nos encontramos por casualidad en algún pasillo, o en alguno de los jardines o inclusive en la cafetería de del CEPE, me dice:
—¡Bebé, me gustas mucho! ¡Yo te amo! ¡Yo te amo muchísimo!
¡Ay, qué emoción, amigos lectores! ¡Me siento muy emocionada de poder contarles todo esto! Era mi secreto. Nadie lo sabía. Pero ahora ustedes ya lo saben también. Sonrío contenta y les mando otro beso.

Sin embargo, hay algo que me intriga mucho, muchísimo, acerca de Carlos. Siempre, después de que me dice y me confiesa que me ama, termina diciéndome esto –pongan mucha atención–:

—Bebé, yo tengo un secreto. ¡Es un secreto increíble y extraordinario! ¡Es tan increíble y tan extraordinario, Bebé, que estoy seguro de que ni te lo imaginas! Yo quiero confesártelo. Deseo revelártelo. Quiero que tú conozcas mi gran secreto.

Amigos lectores, les cuento todo esto porque a mí me intriga demasiado ese gran secreto de Carlos. No imagino qué pueda ser. ¿Ustedes sí tienen alguna pista o idea? La verdad, amigos lectores, y para ser muy sincera, les confieso:

¡Yo no tengo ni la más mínima y remota idea!

Además, no sé si yo deba de andar de novia con él.

¿Ustedes qué me aconsejan? Yo sé que ya no soy una niña, pues ya tengo 24 años. Y estoy en perfecta edad para tener novio.

Sin embargo, todas las personas que me conocen, me dicen, siempre siempre siempre, que yo tengo alma, corazón y rostro de niña. Y yo más bien quisiera... ¡Oh oh!

Veo la hora en el reloj del baño. Han transcurrido varios minutos. No quiero llegar tarde al trabajo. Por ahora, decido dejar de pensar en Carlos y prefiero mejor apurarme a bañar.

Así que de vuelta en el baño: observo mi cara en el espejo del baño. Me alegra no tener que rasurarme, como lo hacen todos los hombres. Yo no me rasuro porque no tengo bigote ni barba, obviamente.

¡Qué afortunadas somos las mujeres porque no tenemos que rasurarnos todos los días!, pienso. En seguida comienzo a desvestirme sin prisa, en el cuarto de baño, parada a un costado del cubículo de la regadera. Me quito la bata y toda la ropa. Me desnudo por completo. Ya desnuda totalmente, vuelvo a verme de cuerpo entero en el espejo otra vez. Tengo una cara muy linda y un cuerpo bastante hermoso. Pero lo que más me gusta de mí, son mis ojos de color café claro, porque son muy preciosos y alegres: son como dos gotas redondas de miel, dulces y deliciosas.

A continuación me meto a la regadera para bañarme. Generalmente yo me baño en la regadera con tranquilidad, sin ninguna prisa. Pero en ocasiones, y especialmente los fines de semana, yo prefiero bañarme en la tina de baño. Confieso que me gustan mucho los baños espumosos y perfumados en la tina de baño. Y también me gusta escuchar mi música favorita mientras me baño en la bañera.

—¡Hum, qué rico! –digo, y suspiro gustosa, mientras el agua tibia de la regadera cae plácidamente sobre todo mi cuerpo desnudo. Pequeños ríos de agua cristalina y serpenteante resbalan por todas las formas voluptuosas y sensuales de mi desnudez. Me baño con normalidad, sin prisa. Me enjabono la cabeza, así como todo mi cuerpo: mi cara bonita y mi cabello largo y negro, también mis senos preciosos, mi espalda linda, mis pompis bellas, y mis piernas perfectas y torneadas. Luego me enjuago la cabeza y todo el cuerpo con el agua tibia de la regadera. Por un momento, cierro los ojos y siento correr, deliciosamente, plácidamente, el agua tibia por toda la belleza de mi cuerpo sinuoso y desnudo.

—¡Hum, qué rico! -repito; suspiro gustosa y doy un giro juguetón bajo el agua cristalina de la regadera.

Al cabo de algunos minutos, salgo de la regadera con mucho cuidado y cojo la toalla blanca con flores rosas del toallero. Me seco con ella todo mi cuerpo y cabeza perfectamente. A continuación cojo mi bata de baño y me la pongo. Regreso al espejo. Me paro frente a él, agarro la secadora y me seco el pelo. Luego, cuando ya está seco todo mi cabello, principio a peinarlo. Me cepillo una y otra vez hasta que mi cabello negro, brillante y largo, queda totalmente desenredado, peinado. En seguida abandono el baño sin ninguna prisa. Salgo del baño para regresar a mi recámara. Mientras voy andando por el pasillo con rumbo a mi cuarto, recuerdo:

—Bebé, yo tengo un "secreto". ¡Es un "secreto" increíble y extraordinario! ¡Es tan increíble y tan extraordinario, Bebé, que estoy seguro de que ni te lo imaginas! Yo quiero confesártelo. Deseo revelártelo.

Quiero que tú conozcas mi gran "secreto". Entonces pienso, amigos lectores: Le pediré a Carlos que me revele su gran "secreto" hoy mismo. Sí, eso voy a hacer.

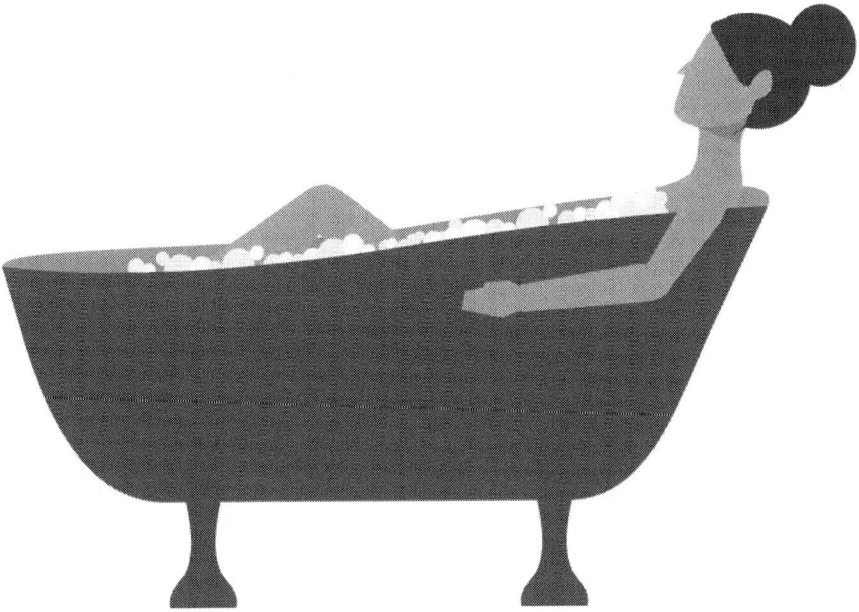

4

Arreglándome en la recámara

Yo regreso a mi habitación para vestirme y arreglarme. Me dirijo al clóset, abro la puerta y miro toda mi ropa colgada. Generalmente me visto a prisa, pero hoy estoy con buen tiempo, así que lo voy a hacer con calma, con tranquilidad.

Observo detenidamente toda la ropa colgada en el clóset. Veo faldas, vestidos, minifaldas, blusas, pantalones, sacos, chamarras, etc. Contemplo toda mi ropa colgada en el clóset. Estoy indecisa. No sé qué ropa ponerme hoy, pienso. Por fin, de entre toda la ropa, elijo un vestido hermoso, largo y blanco –blanco como las nubes–. Y escojo unas zapatillas, blancas también, con tacón alto.

Deseo vestirme especialmente muy hermosa para el día de hoy, pienso. Hoy debo lucir más preciosa que nunca. Debo parecer una verdadera princesa, pues al término de mis clases de español, ya por la tarde, voy a asistir a la ceremonia de develación de las obras artísticas de Carlos, y después de eso, voy a tener una cita con él para ir a cenar juntos. ¡Qué emoción! Principio mi arreglo personal poniéndome crema en los brazos, en las piernas y en algunas otras partes de mi cuerpo. La piel de todo mi cuerpo es suave, tersa, lozana.

Después, me siento frente al espejo para maquillarme con calma. Vuelvo a ver la hora en el reloj de la pared. Me doy cuenta de que estoy con muy buen tiempo. Siempre me maquillo en mi cuarto, sentada frente al espejo de mi tocador.

Primero me pinto mis preciosos ojos color de miel con mucho cuidado, y luego me pinto los delgados labios de mi pequeña boca.
¡Qué sensuales se ven mis ojos color miel, y más preciosos se ven mis labios pintados de rojo!, pienso. Continúo mi arreglo personal con el peinado. Deseo hacerme un peinado de chongo bastante hermoso para hoy; sin embargo, como después de mis primeras clases voy a ir a nadar, mejor decido hacerme un sencillo pero bonito peinado de

cola de caballo. Tomo el cepillo y comienzo a peinar mi cabello negro, brillante y largo. Yo nunca uso peine para peinarme.

Me hago un peinado de cola de caballo muy bonito. A continuación, amigos lectores, me pongo mi bello vestido blanco y largo, y mis zapatillas blancas. Me paro frente al espejo para mirarme. Me doy cuenta de que mi apariencia es muy pulcra y preciosa. ¡De verdad que me veo muy linda, muy atractiva!, pienso. Voy a continuar arreglándome para que quedar tan encantadora y fascinante como una princesa de verdad.

Durante un rato más, prosigo con mi arreglo personal. Cuando termino de arreglarme y por fin estoy lista, me levanto del taburete del tocador para observarme de cuerpo completo en el espejo otra vez. Doy varias vueltas para mirar mi imagen de cuerpo entero en el espejo. Me veo de frente, por los costados y por detrás. Me contemplo detenidamente durante algunos largos segundos.

—¡Estás preciosa, Esmeralda! ¡Pre-cio-sa! -me digo, y sonrío. Mi apariencia es maravillosa. Luzco muy guapa, muy bien arreglada y muy bien vestida.

—¡Esmeralda, luces como una princesa de verdad! Carlos se va a derretir de amor tan pronto como te vea esta tarde. Enseguida cojo mi teléfono celular y lo enciendo.

Hago lo mismo con mi tableta electrónica.
En mi tableta electrónica busco una estación de radio para oír las noticias. Pongo las noticias en la tableta. Yo prefiero escuchar las noticias del radio que verlas en la tele. Dejo mi tableta sobre la cama y me voy hacia la ventana abierta de mi recámara. Mientras escucho las noticias, pienso: ¿En dónde andará Pomboncito? ¿Todavía estará bañándose con los rayos calientes y brillantes del sol enorme que ilumina este cielo esplendoroso?
—¡Ay, qué bello es el amor! -digo y suspiro, mientras miro en lo alto el cielo despejado y de color celeste. Veo allá abajo, en mi jardín primoroso, las flores coloridas y primaverales. En mis labios hay una sonrisa sutil, ligera, casi amorosa.

Transcurridos un par de minutos, me alejo de la ventana, salgo de mi recámara y me dirijo hacia las escaleras para ir a la planta baja. Bajo las escaleras, con cuidado y sin prisa, para ir a la cocina. Supongo que mis papás y mi hermano ya deben de estar allá abajo: en la cocina o en el comedor.

5

A la hora del desayuno

De la cocina escapan olores deliciosos del desayuno que llegan hasta las escaleras por donde voy bajando, amigos lectores.

Me llega el olor del chocolate caliente que mi hermano y yo tomamos a diario. ¡Mmm, qué rico! Y también me llega el olor del café exquisito que mi papá y mi mamá acostumbran tomar todas las mañanas. ¡Mmm, delicioso!

Al llegar a la planta baja de la casa, veo que mi papá está ayudando a poner la mesa para desayunar en el comedor. Mi hermano está ayudando también. Ponen las jarras de chocolate y de café sobre la mesa. Después sacan los panes de dulce y los bolillos de las bolsas de pan y los colocan en la panera. También acomodan, sobre la mesa, las tazas y los platos para cada miembro de la familia.

—¡Buenos días, papi! ¡Buenos días, hermanito! -saludo a los dos, y les doy un beso en la mejilla a cada uno. —¡Buenos días, hija! -dice mi papá. Él se llama Ricardo Martínez.

—¡Buenos días, hermanita! -saluda mi hermano. Él se llama Daniel. En seguida abandono el comedor y me voy a la cocina.

En la cocina encuentro a mi mamá. Ella se llama Sofía Fonseca. Está cocinando algo en la estufa. —¡Hola, mami! ¡Buenos días! ¿Cómo amaneciste? -saludo a mi mamá, y le doy un beso amoroso en la mejilla, como ella a mí. —Muy bien, hija. ¿Y tú, cómo amaneciste hoy? —¡Muuuy feliz, mamá, porque hoy principia la estación del año que más me gusta a mí: la primavera! —Es cierto, Esmeralda. Tienes razón. Hoy comienza la primavera, ¡la estación del amor! Al escuchar la palabra "amor" recuerdo, amigos lectores, algo que ocurrió ayer en el CEPE de la UNAM, y más exactamente en la cafetería.

Ayer, cuando terminé de dar mis clases de español para extranjeros, me dirigí a la cafetería del CEPE para comerme una torta de jamón y tomarme un jugo de naranja allí, sentada cómodamente en una mesa soleada de la terraza. Vean lo que pasó, amigos lectores:

Es el día de ayer:
Pago mi torta de jamón y mi jugo de naranja en la caja de la cafetería del CEPE. Luego agarro mi charola con mi almuerzo y me doy media vuelta para ir hacia la terraza a sentarme y comer.

Tan pronto como me doy media vuelta, descubro que Carlos está ya ahí, sentado en una mesa en la terraza, como si me estuviera esperando desde hacía mucho rato. Carlos viste un overol de color azul marino, bastante manchado de pintura de varios colores: rojo, anaranjado, morado, azul claro, amarillo oscuro, rosa, guinda, lila, blanco, negro, etc. Pero las manos de Carlos no están manchadas de pintura: sus manos están completamente limpias.

Carlos levanta su mano para llamar mi atención. Yo le sonrío con alegría y gusto. De inmediato camino hacia su mesa. Todos mis alumnos, y también los que no son mis alumnos, me miran, me admiran, me sonríen y me saludan al verme pasar con rumbo a la terraza. Yo les devuelvo las sonrisas y los saludos con gusto y cariño sinceros.
Veo a Carlos sumamente entusiasmado. La emoción le brilla en sus lindos ojos negros y en sus labios carnosos.

Carlos Soles es un artista muy famoso. Es un pintor muy reconocido en México y en muchos otros países del planeta. Sus pinturas, esculturas y murales son muy apreciados y valorados por toda la gente común, así como por la mayoría de los críticos de arte más exigentes del mundo. Sin lugar a dudas, Carlos Soles es uno de los pintores más queridos y valorados del mundo actualmente.

Desde hace tres meses, Carlos se encuentra pintando un gigantesco mural en los pasillos principales del CEPE. Y fue en uno de esos pasillos, de un día maravilloso, cuando Carlos me vio por primera vez a mí: yo iba caminando feliz y muy sonriente, hermosamente deslumbrante, acompañada y rodeada por un grupo bullicioso de alumnos que me acompañaban divertidos y risueños al salón de clase.

Amigos lectores, ahora vayamos todavía más al pasado.

Retrocedamos mucho más en el tiempo. Vayamos hasta tres meses antes del día de ayer, hasta aquel día maravilloso cuando Carlos me vio a mí por primera vez:

Carlos está comenzando a pintar un gigantesco mural en los pasillos principales del CEPE. Y es en uno de estos pasillos, de un día soleado y resplandeciente, cuando Carlos me ve a mí por primera vez: yo voy caminando por un pasillo. Voy feliz, sonriente, hermosamente deslumbrante. Camino rodeada por un grupo bullicioso de alumnos quienes me acompañan, divertidos y risueños, al salón de clase.

Desde este día maravilloso, amigos lectores, Carlos quedará enamorado de mí, de manera irremediable; y también quedará pendiente para siempre de la hora en su reloj, con el fin de poder volver a verme cuando yo vuelva a pasar caminando otra vez por los pasillos principales del CEPE.

Carlos piensa:
¡Qué mujer más hermosa! ¡Nunca se ha visto una mujer de tanta belleza en ninguna parte del mundo! ¡Parece una princesa! ¡O aún más que una princesa, parece una musa, una diosa! ¡Sí, es como una diosa viva, convertida en mujer de carne y hueso! ¡Es como la musa perfecta que todo artista sueña tener! ¡Ella es la mujer modelo y divina que todo pintor quiere pintar y que todo escultor quiere esculpir para crear y producir su gran obra de arte maestra!

Tiempo después y tras planearlo mucho, y luego de haber investigado y averiguado mi nombre, Carlos encuentra la excusa perfecta para conocerme y hablarme en persona. Carlos acompaña a Brigitte Bardot, su hermosa amiga francesa recién llegada a México, hasta la puerta del salón de clases, en donde yo

estoy enseñando la conjugación del verbo amar con algunos ejemplos.
—En español se dice: yo te amo -digo, justo en el momento en que Carlos aparece en la puerta de mi salón de clases.
Carlos se queda parado allí en la puerta; se queda quieto, inmóvil, como si fuera una estatua o una escultura. Me contempla con ojos llenos de amor durante algunos segundos que a él le parecen eternos, infinitos, mágicos, de ensueño.

Días después, y ya con más confianza, Carlos me contaría en una plática que se enamoró de mí a primera vista y que eso, nunca antes, le había sucedido.

Regresando al día de ayer, amigos lectores: Mientras sostengo en mis manos la charola con mi almuerzo: mi torta de jamón y mi jugo de naranja, noto la impaciencia y emoción de Carlos al llamarme. Él levanta su mano para llamar mi atención. Yo le sonrío con gusto y alegría. Camino hacia su mesa. Todos mis alumnos, y también los que no son mis alumnos, me miran, me admiran, me sonríen y me saludan al verme pasar con rumbo a la mesa del famoso pintor Carlos Soles, ubicada en la terraza. Carlos está sentado en una mesa soleada en la terraza, y está mordiéndose el labio inferior para poder controlarse y no pararse a saltar de alegría y júbilo, al ver que yo, diosa y musa para él, voy en camino directo hacia su mesa.

Apenas llego a su mesa con mi charola con comida, Carlos se pone de pie para recibirme y saludarme muy contento y amigablemente. Me planta un amoroso beso en la mejilla a modo de saludo. En seguida me acomoda una silla para que yo me siente a la mesa con él.
De inmediato Carlos comienza a platicarme acerca de los murales majestuosos, espectaculares y coloridos que terminó de pintar el día miércoles en los pasillos del CEPE.

Pero en particular y sumamente emocionado, amigos lectores, Carlos me cuenta que, en el centro del pasillo y en el jardín principales del CEPE, el día miércoles también terminó de pintar una pintura secreta, y de esculpir una escultura secreta, las cuales van a convertirse en sus dos grandes obras de arte maestras. Carlos me explica que por eso las ha mantenido cubiertas con lienzos y en secreto absoluto, para que nadie pueda verlas, sino hasta el momento de la ceremonia de develación.

Tanto cuidado, misterio y secreto con esas dos obras, despierta mi curiosidad. Me entran unas ganas irresistibles por verlas y conocerlas ya.
—Ándale, Carlos, déjame ver esa pintura y esa escultura secretas, ¿sí? -le pido, llena de curiosidad, sonriente y suplicante.

—¡No! Y tú, Bebé, menos que nadie, las puede ver en este momento. Mañana va a ser viernes 21 de marzo, y en la tarde, a las cinco en punto, en la gran ceremonia solemne de develación, voy a descubrir y mostrar, a todo el mundo, la pintura y la escultura hasta hoy secretas. Será hasta mañana cuando tú, Bebé, y todo el mundo van a poder verlas, conocerlas y apreciarlas -explica Carlos, sonriente, misterioso, juguetón, divertido, y amorosamente malicioso.
Yo me quedo más intrigada que antes con ese par de obras artísticas tan secretas.

No tengo ni la más mínima idea de por qué Carlos las mantiene en absoluto y total "secreto", pienso. Más tarde, ya casi al finalizar el almuerzo, Carlos y yo estamos platicando acerca de una película romántica e italiana. De repente, él se queda callado durante unos segundos. Mientras tanto, me mira fija y largamente a los ojos, y luego de respirar profundo y tomar valor suficiente, me dice:

—Esmeralda, eres una mujer sumamente inteligente, extremadamente hermosa y muy divertida. Eres una excelente maestra de español para extranjeros. Todos los alumnos te quieren, te adoran. Y la verdad es que yo te...

Yo me quedo muda, sin palabra alguna, por lo que él dice y yo escucho. Los nervios y la emoción súbita comienzan a apoderarse lentamente de mí. Me parece que el tiempo se hace lento y luego se detiene por completo. En mi mente sólo se repiten estas palabras: yo te... yo te... yo te...
Transcurren los segundos y Carlos termina de hablar. Y...

¡Ay, no puede ser posible!, pienso. Por la emoción y los nervios que sentí, amigos lectores, no pude escuchar su última palabra. Yo nadamás escuché: yo te...

¡Ay!, ¿qué me dijo? Me dijo: ¿yo te amo?, ¿yo te quiero?, ¿yo te respeto?, ¿yo te admiro?, ¿yo te qué...? Yo estoy muy nerviosa y emocionada, mis manos me tiemblan un poco y por eso las bajo discretamente de la mesa y las pongo sobre mis piernas, las cuales también me tiemblan por la emoción.

Yo mantengo mis ojos sensuales, brillantes y de color miel, fijos en los ojos amorosos e ilusionados de Carlos.

—Yo quisiera que tú y yo... -dice él, sin poder terminar la oración, pues ahora los nervios se le notan en su voz temblorosa y en sus manos inquietas. Su mirada huye de la mía por instantes fugaces.
—...
—...
—...
—...
—¿Qué quisieras, Carlos? -le pregunto, para animarlo a que termine de decirme lo que desea.
Pero él ya no puede hablar más. Se siente demasiado nervioso, emocionado y ahora hasta tímido: todo junto y a un mismo tiempo.

Para evitar responder mi pregunta, Carlos decide mejor hacerme una invitación:
—¿Bebé, puedo invitarte a cenar mañana viernes, después de la ceremonia de la develación de mi pintura y escultura secretas? Mañana va a ser 21 de marzo,

día de inicio de la estación de la primavera y... del amor.

Yo permanezco callada durante unos instantes, mientras intento pensar por qué Carlos ha cambiado de tema abruptamente.
—¿Qué dices, Bebé? ¿Aceptas mi invitación para ir a cenar juntos mañana en la noche?
—Claro que sí, Carlos. Con mucho gusto –respondo contenta, sonriendo, y muy muuuy feliz.
—Gracias, Bebé. Te llamaré por teléfono más tarde para ponernos de acuerdo para mañana. Ahora debo irme. Tengo que ir a nombrar mis dos obras de arte secretas –dice Carlos, un poco apresurado, pero esta vez más nervioso y mucho más emocionado, antes de marcharse a toda prisa.
¿Qué nombre les va a poner?, me pregunto yo, ya sola aquí en la mesa, mientras observo amorosa y enamorada cómo se aleja él.

Volviendo al tiempo presente, amigos lectores:

Al fijar mi atención en la estufa, me doy cuenta de que mi mamá está preparando unos huevos revueltos con jamón y frijoles refritos para el almuerzo de mi hermano.

—¿El almuerzo es para Daniel? –pregunto.

—Sí –responde mi mamá–. Tu hermano tiene ganas de almorzar, además de desayunar. Dice que amaneció con mucha hambre hoy.

—¿Y cuándo no, mami? –digo, y tras intercambiar miradas pícaras, nos reímos las dos.

Un par de minutos más tarde, yo ayudo a mi mamá a terminar de preparar el desayuno. Luego ella y yo nos vamos a sentar a la mesa del comedor para desayunar todos juntos en familia.

Mi papá prende la televisión para ver y escuchar las noticias, pero casi no les pone atención, pues mi papá, mi mamá, mi hermano y yo estamos platicando de nuestros planes y de todo lo que vamos a hacer hoy durante el día completo. Yo cuento mis planes para el día de hoy viernes, pero no cuento lo de mi cita con Carlos Soles, pues quiero darle una sorpresa a toda mi familia en la noche.

A mí me gusta mucho mi familia: somos una familia muy bonita, muy unida y muy feliz.

De pronto escucho un ligero ruido de choque así: ¡cris cras cris! No me sorprendo en lo absoluto, pues yo ya sé quién origina ese pequeño ruido de choque ¡cris cras cris!, así que volteo con calma a mirar hacia las escaleras y descubro que ahí viene llegando, volando aprisa, Pomboncito.

—¡Ay, Pomboncito, de seguro chocaste otra vez tu cabecita con la lámpara del cubo de las escaleras!, ¿verdad?

Pomboncito, como no habla, porque es un dragón, solamente me responde con un movimiento afirmativo de cabeza, dándome a entender que sí chocó con la lámpara.

Observo que Pomboncito trae un par de manchas de pintura fresca: una manchita anaranjada en la punta de su colita y otra mancha verde en mitad de su pata derecha.

—Pomboncito, ¿en dónde te andarás metiendo que últimamente has estado llegando con manchas de pintura? ¡Mírate cómo estás!
Pomboncito se mira las manchas y sólo se sonríe y levanta las manos como diciendo: No sé y no importa.

A continuación, Pomboncito se sienta en su silla invisible de aire, se pone su servilleta en el pecho, coge su taza de chocolate y su pan de dulce: todos imaginarios, y comienza a desayunar, justo bajo el techo, pero flotando encima del centro de la mesa.

—Esmeralda, ¿cuándo vas a dejar de hablar con tu mascota imaginaria? Si la gente te llega a escuchar, va a pensar que estás loquita, hija –me dice mi papi, como todos los días.

Y como todos los días también, mi mami le responde:
—Déjala, Ricardo, yo también tuve una mascotita imaginaria toda mi vida, pero el día que me casé contigo... ¡desapareció! Créeme que todavía la extraño demasiado, a pesar de que han pasado ya muchos años!

Mi papi mueve la cabeza negativamente, pero sonríe y dice:

—¡Ay, las dos están loquitas, amor, pero las amo mucho!

Luego observo a mi hermano, quien está mirando hacia arriba, hacia el techo, como buscando algo que volara por encima de su cabeza.

Pero mi hermano ya no puede ver a Pomboncito, porque mi hermano ya no es un niño.

Daniel ya es un joven de 18 años. Sin embargo, cuando mi hermano era un niño, sí podía ver a Pomboncito y hasta jugaba con él todos los días.

Yo termino de desayunar y digo:

—Con su permiso, me retiro de la mesa. ¡Buen provecho a todos! Debo apurarme para ir a trabajar.

—¡Buen provecho! –me responden todos–. Que tengas un buen día, Esmeralda.
—Gracias. Igualmente –respondo, y me levanto de la mesa. Llevo mis trastes del desayuno a la cocina. Los pongo en el fregadero para lavar todos los trastes que hay aquí: platos, tazas, cucharas, cacerolas, sartenes.

Me pongo unos guantes y un delantal, y luego lavo los trastes con mucho cuidado para no ensuciar mi lindo vestido blanco. Terminado esto, acomodo los trastes en el escurridor para que se sequen.

En seguida seco el fregadero y limpio la cubierta de mármol de la cocina y la estufa misma. Por último, barro y trapeo rápido el piso de la cocina.

Al cabo de unos minutos, finalizo el quehacer y me marcho de la cocina.

6

Preparándome para salir de casa en la mañana

Amigos lectores, mi rutina de preparación para salir de casa comienza al terminar el desayuno. Empiezo por sacar la bolsa de la basura de la cocina y llevarla al bote de la basura que se encuentra en el patio trasero.
Después de eso, paso al baño y me lavo la boca y las manos.
Luego voy al frente de la casa, cojo la manguera, abro la llave del agua y riego las plantas y el pasto del jardín. Como ustedes saben, amigos lectores, yo no tengo una mascota real, como un perro o un gato, o un loro o una tortuga, así que yo no le doy de comer a una mascota normal como lo acostumbra hacer todo el mundo.

Yo tengo a mi dragón Pomboncito, quien justo en este momento llega volando juguetonamente al jardín y me reta, divertido y risueño, para que yo lo moje con el agua de la manguera con que riego el pasto del jardín.
Sin embargo, siempre que intento mojarlo con el chorro de agua de la manguera, fracaso. Yo nunca logro mojarlo ni con una sola gotita de agua, pues Pomboncito es muy rápido, tanto como un colibrí; y vuela de un lugar a otro con mucha velocidad y alegría:
¡Zum!
¡Zum!
¡Zum!
¡Zum!
¡Zum!
¡Zum!
¡Zum!

Miro el reloj que traigo puesto en mi mano izquierda.
—Pomboncito, es hora de dejar de jugar –le digo contenta.
Sin embargo, él dice que no con la cabeza. Él quiere continuar jugando como siempre.
—No, Pomboncito, ya no podemos seguir jugando. Es hora de ir a trabajar.

Entonces Pomboncito, resignado, levanta los hombros y las manos, como diciendo: ¡Qué lástima! ¡Vayamos a trabajar, pues! A pesar de esto, amigos lectores, Pomboncito es un dragón feliz y alegre, por eso de inmediato se pone muy contento y juguetón otra vez. Pomboncito se aleja volando para entrar en mi recámara por la ventana abierta. Él va volando feliz, jugando, dando marometas y giros divertidos por el aire.

¡Me encanta Pomboncito! ¡Es un dragoncito muy especial!, pienso y sonrío. Soy muy afortunada de tenerlo conmigo como mi mascota.
Camino, cruzo el jardín, entro en la casa y subo a mi recámara.

Rápidamente tiendo mi cama y ordeno todo mi cuarto. Acomodo todas las cosas en su lugar en menos de diez minutos. En seguida bajo al estudio y cojo mi mochila -que contiene mis libros de español, dos cuadernos, mi tableta electrónica y otros útiles escolares más. Luego agarro mi bolsa de mano, en donde echo todos mis objetos personales tales como: teléfono celular, audífonos, cartera, monedero, llaves, una toalla femenina -por si hoy llega el día-, unos cosméticos, etc.

Después de esto, me despido de todos los miembros de mi familia, dándoles un beso en la mejilla:

—¡Adiós, mami! -digo-. ¡Hasta luego, papi! ¡Hasta la noche, hermanito! ¡Que todos tengan un lindo día!
—Igualmente, mi amor -dice mi mamá.
—Que tengas muy buen día, hija -dice mi papá.
—Igualmente, Esmeralda -responde mi hermano.

Salgo de casa y me dirijo a la cochera.
Consulto la hora. Veo que estoy un poquito retrasada y me apuro a ir al garaje.

Es hora de salir de casa para ir a trabajar, pienso.

Afortunadamente yo no tengo que ir a trabajar a una empresa, fábrica, negocio u oficina, sino que debo de ir a trabajar a la universidad.

A mí me gusta mucho mi trabajo: me encanta trabajar en los salones de clase del Centro de Enseñanza para Extranjeros (CEPE) de la Universidad Nacional Autónoma de México (UNAM) y enseñar español a los estudiantes extranjeros.

A veces yo llevo a mi hermano a su escuela. Daniel se viene conmigo en mi auto y lo dejo en su escuela, pero hoy no tiene clases, así que va a irse caminando al gimnasio más tarde. En cuanto a mí, mi rutina de hoy en la mañana va a ser igual que siempre. Sin embargo, por la tarde y la noche mi rutina sí va a ser un poco diferente, pues hoy en la noche, después de la ceremonia de develación de las obras artísticas de Carlos, voy a ir a cenar con él. Hoy va a ser un día muy especial y distinto. Y además, hoy comienza la primavera.

¡Carlos, qué emoción, hoy vamos a cenar juntos!, pienso, apretándome las manos muy contenta, mientras camino hacia la cochera.

Me apuro a entrar en la cochera. Llego hasta mi automóvil y lo abro. Pongo mi mochila y mi bolsa de mano en el asiento del copiloto. A continuación me subo a mi auto y cierro la puerta. Me acomodo en el asiento, me pongo el cinturón de seguridad y enciendo el vehículo. Pongo en marcha mi automóvil y salgo feliz de casa. Salgo de casa manejando mi carro para ir a trabajar al CEPE en la universidad. Conduzco con precaución por las calles y avenidas de la hermosa, mágica y enorme Ciudad de México.

La Ciudad de México es una ciudad rebosante de amor y magia, me digo, amigos lectores.

Miro hacia el cielo a través del parabrisas y el quemacocos de mi auto. El cielo está soleado, brillante y muy lindo. De pronto, algo me hace sonreír y sentirme más feliz todavía. Allá en lo alto del cielo luminoso y despejado, distingo a Pomboncito.

Pomboncito viene volando, unos metros arriba, por encima de mi auto, acompañándome durante todo mi camino con rumbo a mi trabajo en el CEPE de la UNAM. Todo apunta a que el día de hoy será muy bello y perfecto, mas de pronto escucho un tronido fuerte y espantoso en el motor del auto. Algo grave sucede, pues el automóvil se detiene casi por completo. Apenas alcanzo a orillar el carro y a estacionarlo en un lugar apropiado de una calle poco transitada, casi vacía. ¡No puede ser, el auto se descompuso!, pienso. Pero este incidente no va a echar a perder mi día bonito y especial, así que voy a dejar el auto estacionado aquí y voy a irme en transporte público a mi trabajo en la universidad.

Saco mi mochila y mi bolso del auto. Cierro la puerta del vehículo y le pongo la alarma. Apenas voy a empezar a alejarme del carro cuando, de pronto, escucho algo parecido al zumbido de un aeroplano chiquito aproximándose a toda velocidad.
Imagino quién es y sonrío.

Levanto la mirada hacia el cielo y descubro a Pomboncito allá en lo alto: viene descendiendo por los aires con gran rapidez. Trae en su cara un gesto de preocupación. Supongo que está preocupado porque el carro se me descompuso, pienso.

—¡Ay, Pomboncito! -digo, y sonrío más todavía. Pomboncito llega y se sienta sobre el techo del automóvil. Me pregunta con sus manitas abiertas y alteradas y su gesto de preocupación qué es lo que ha sucedido.

—No pasa nada, Pomboncito -explico-. Nadamás se descompuso el coche. Voy a irme en transporte público al trabajo. Más tarde llamaré al taller mecánico para que ellos vengan a recoger el vehículo y lo reparen. Eso es todo.
Pomboncito parece no escucharme, amigos lectores. Sigue sentado sobre el techo del auto y con cara de enorme preocupación.

—¡Ay, Pomboncito, ja ja ja, no seas tan preocupón! Yo estoy bien -le digo y me río un poco. Luego me acerco hacia él y le acaricio su cuernito pequeño y suave de color amarillo; en seguida le palmeo un par de veces su cabecita, mientras le explico nuevamente-: Sólo se descompuso el auto. Es todo. Por eso ahora me voy a ir a trabajar en transporte público. Primero voy a caminar unas cuadras y luego voy a tomar el metro. Y en el metro voy a irme hasta llegar a la estación más cercana a la universidad. Va a ser divertido, Pomboncito. ¡Vamos, acompáñame!

Mi explicación le cambia a Pomboncito su gesto de preocupación por uno nuevo de gran alegría y sonrisa radiante. Pomboncito emprende el vuelo juguetón otra vez.
Yo principio a andar sin ninguna prisa por la calle, con dirección a la estación del metro más próxima. Llevo caminando apenas una docena de pasos, cuando de pronto escucho el primer piropo que me grita un joven albañil que está trabajando en una construcción ubicada a mi lado derecho:

—¡Fiu fiiiuuuuu! -me silba, y luego me grita preguntándome-: ¿Sabías que estás como mango, mi reina?
Yo volteo a verlo y lo miro curiosa.
Y el albañil, feliz, se responde él solo la pregunta retórica que me hizo:

—Porque estás tan bonita y buena que estás para chuparte hasta el huesito. Me río y olvido al albañil. Prosigo mi camino. Continúo andando feliz por la calle. De pronto escucho el segundo piropo, de los tantos que van a decirme hoy viernes durante todo mi camino hasta el trabajo. —¡Ay, Diosito! ¿Será que ya estoy en el cielo? ¡Porque veo que los divinos angelitos vestidos de blanco ya andan caminando aquí entre nosotros!

Volteo la cabeza y veo que a mi lado va pasando un grupo de cinco hombres jóvenes y guapos. Uno de ellos, el más galante, es quien me dice el piropo y además me lanza, con mucho amor, su mejor y más encantadora sonrisa. Yo no respondo nada; únicamente sonrío feliz y continúo andando, pero con un discreto y rápido guiño de ojo le agradezco al chico su lindo piropo y su mejor y más encantadora sonrisa.
Él alcanza a percibir el guiño coqueto de mi ojo derecho. Por

eso, de inmediato, él explota y se pone a brincar eufórico, sumamente emocionado, casi en éxtasis, al lado de sus amigos, mientras todos prosiguen alejándose por la calle, en sentido contrario al mío. Yo todavía alcanzo a escuchar que el chico emocionado explica, casi a gritos felices a sus amigos:

—¡Muchachos, esa chica me guiñó el ojo! ¡¡¡Me guiñó el ojo, amigos, se los juro!!! ¡Qué ángel de mujer es esa joven hermosa, amigos!

Pomboncito, tras reírse del joven saltarín y emocionado, se aproxima más hacia mí. Lo veo llegar y mantenerse volando por encima de mi cabeza. Miro hacia arriba y distingo en su pecho celeste su mota amarilla, color de sol.

7

En el transporte público

Al cabo de unos minutos, amigos lectores, llego a la estación del metro.
Es entonces cuando Pomboncito me hace señas de que él no va a entrar conmigo al metro.

—Ándale, Pomboncito, vente conmigo. Acompáñame. Vamos -le digo, aunque de antemano sé que no lo va a hacer.

Pomboncito, por toda respuesta, me indica a señas que él iría muy apretado e incómodo en el metro, y que por eso mejor prefiere irse volando por el cielo.

Yo me río y le indico con la cabeza que está bien.

—Nos vemos allá, cuando yo salga del metro, Pomboncito -le digo.
Él afirma que sí, con su cabeza.

Yo bajo las escaleras y me introduzco en la estación del metro. Me dirijo hacia la taquilla y allí compro un boleto del metro. Luego voy hacia los torniquetes. En seguida introduzco el boleto en la ranura del torniquete y lo paso. Continúo mi camino por el andén y después me detengo a esperar el tren del metro. No tarda más de un minuto en arribar a la estación el tren del metro. El metro trae todos sus vagones rebosantes con pasajeros apurados por ir a trabajar o estudiar.

Abordo un vagón del metro y me acomodo, cerca de un tubo pasamanos y del cual me cojo, entre la multitud de personas que aquí viajan.
En quince minutos voy a llegar a mi destino, pienso.

Minutos más tarde, el tren por fin arriba a la estación Universidad del metro. El tren se detiene, se abren las puertas y la gente comienza a salir deprisa del vagón hacia el andén, mientras otras personas esperan su turno, con impaciencia, para entrar en el tren. Recorro el andén en dirección a la salida de la estación del metro. Cruzo el torniquete de salida y luego subo las escaleras para salir de la estación del metro. Tan pronto como me encuentro en la calle, inicio mi camino, por las calles transitadas de estudiantes, con rumbo al CEPE de la UNAM.

Amigos lectores, los piropos, durante mi recorrido por las calles hasta llegar al CEPE, resultan interminables: —¿Acaso vivo yo en un cuento de hadas? Porque estoy viendo pasar a ¡Mi Princesa!

—¿Qué comen los pajaritos, tartamudo? ¡Ma-ma-masita!
—¡Bomboncito, Bomboncito, a ver si no te derrites con este solecito tan caluroso del cielito!

Yo los oigo muy divertida y sonriente. Sus piropos graciosos me hacen mi día más feliz.

Se nota que ya ha llegado la primavera, pienso. El amor está a flor de piel en todas partes y en boca de todos, ja ja ja.

8

En la universidad

Minutos más tarde, por fin avisto los gruesos y altos muros de piedra volcánica que circundan toda la universidad, incluyendo al Centro de Enseñanza para Extranjeros.

La piedra volcánica de los altos muros es bella y de color oscuro: entre negra y gris oscura.

Y exactamente en la entrada del edificio en donde trabajo, a un lado de la puerta principal, distingo relumbrando, como con letras de oro, el siguiente letrero:

Centro de Enseñanza para Extranjeros
Universidad Nacional Autónoma de México

Suspiro hondo y feliz, amigos lectores. Me siento muy orgullosa de ser maestra de español para extranjeros y trabajar en el mejor lugar del mundo para mí: el CEPE de la UNAM.

Apenas atravieso la puerta de entrada del edificio, varios alumnos y maestros me saludan cariñosa y respetuosamente cuando se cruzan conmigo. Yo devuelvo los saludos con el mismo respeto y cariño.

Marcho directo hacia mi salón de clases, el cual se localiza frente a los jardines de la institución, a un costado de la cafetería. A esta hora yo doy clases a un grupo de alumnos que se encuentran en el nivel avanzado de español.

Mientras voy andando por los pasillos del CEPE, voy mirando los murales pintados por Carlos en todas las paredes. Y me acuerdo de la cita que voy a tener con él para cenar esta noche, después de la ceremonia de develación de sus obras de arte aún cubiertas y secretas. De solamente recordar esto, mi respiración se me acelera de un modo dulce y delicioso. Presiento que por primera vez en mi vida me voy a enamorar perdidamente.

¡Uy, qué nervios tan ricos!, siento y pienso.

9

En el salón de clases

Apenas entro en el salón de clases, mis alumnos me saludan muy gustosamente. Incluso algunos de ellos se ponen de pie para recibirme y brindarme su saludo:
—¡Hola, maestra Esmeralda!
—¡Buenos días, maestra!
—¿Cómo está, maestra?
—¡Qué bonita ilumina hoy, maestra Esmeralda! -me dice un alumno ruso, sonriendo y poniéndose de pie, muy caballerosa y amablemente.
Entonces yo sonrío agradecida y lo corrijo de inmediato:
—Gracias, Vladimir. Pero en esta frase en particular, no se utiliza el verbo iluminar, sino los verbos estar, verse o lucir.
—¡Oh, de acuerdo, maestra! -exclama sorprendido Vladimir, poniendo mucha atención a mi explicación.

Y prosigo:
—Por lo tanto, las tres variantes posibles de tu oración quedan de esta manera, ya con los verbos mencionados, conjugados en tercera persona del singular, en tiempo presente y forma simple del modo indicativo: ¡Qué bonita está hoy, maestra! ¡Qué bonita se ve hoy, maestra! ¡Qué bonita luce hoy, maestra! ¿Comprendes, Vladimir?

—¡Oh, sí, maestra Esmeralda, lo comprendo muy bien. Gracias. Entonces ahora lo puedo decir correctamente: ¡Qué bonita luce hoy, maestra! -me dice Vladimir, luego me saluda con un beso en la mejilla y regresa a ocupar su silla para sentarse y tomar la clase.
Vladimir es el alumno más inteligente y apuesto de este grupo. Tiene 32 años de edad, es soltero y habla cinco idiomas. Él está haciendo estudios de nivel de doctorado en México.

Cuando todos los alumnos ya se encuentran sentados en su respectiva silla en el salón de clases, entonces yo me paro de mi escritorio y me pongo al frente de todos ellos. Les hablo:
—¡Hola, chicos! La clase de hoy será de juego. Jugaremos todos. La dinámica de juego para la clase de hoy consiste en que cada uno de todos ustedes, los alumnos, pasará aquí al frente del grupo y será el maestro por dos minutos exactamente. Pero no van a ser un maestro común y corriente. No van a ser un maestro convencional. ¡No! Ustedes

van a ser un mimo-maestro, es decir, no podrán hablar ni decir ni una sola palabra. Lo único que podrá hacer el mimo-maestro es actuar, gesticular y hacer señas para dar a entender las oraciones que quiere comunicar. Dichas oraciones, previamente, yo se las voy a entregar por escrito en una hoja. Después, durante el juego, yo iré palomeando todas las oraciones que le vayan adivinando al mimo-maestro. ¿De acuerdo, chicos? ¿Les parece bien a todos? ¿Les gusta el juego?

El grito de respuesta afirmativa es unánime por parte de todos los alumnos del grupo. Se escucha en el salón un sonoro y rotundo:

—¡¡¡Sííííí!!! ¡¡¡Todos queremos jugar al mimo-maestro!!!

—Bueno, pues, tomen una hoja de éstas que les entrego y pasen las demás hojas a sus compañeros. Todos tendrán algunas oraciones con verbos y vocabulario que ocurren en el salón de clases. El listado completo, que sólo yo tengo, amigos lectores, consta de estas 50 oraciones:

1
Yo tomo mi clase de español en el salón 125.
2
Yo estoy en el salón de clases ahora.
3
La clase de español empieza a las 9:00 de la mañana todos los días.
4
Yo aprendo una palabra o el vocabulario en español y francés.
5
Yo pronuncio una frase lentamente en español.
6
Yo digo algunas palabras claramente en español.
7
Yo repito el vocabulario nuevo en español los lunes.
8
Yo conjugo un verbo nuevo en mi clase de español.
9
Yo anoto el vocabulario nuevo en mi cuaderno.
10
Yo escribo con pluma o con lápiz en mi cuaderno.
11
Yo hablo en la clase con mis compañeros y con la maestra.
12
Yo le pregunto al maestro el significado de una palabra nueva.
13
Yo le hago una pregunta a mi maestra de español.
14
Yo respondo la pregunta de la maestra.
15
Yo contesto varias preguntas en la clase.
16
Yo entiendo muy bien el español de México.
17
Yo comprendo un poco el ruso y el noruego.
18
Yo memorizo el vocabulario de la nueva lección.
19
Yo pongo atención a la clase y a la maestra.
20
Yo estudio una lección nueva de español.
21
Yo tomo algunos apuntes en mi cuaderno.
22
Yo escribo a mano en una hoja rayada de papel.
23
Yo escribo en computadora un mensaje en español.
24
Yo capturo un texto en la computadora.
25
Yo subrayo un texto con un marcador de color verde o anaranjado fosforescente.
26
Yo hago una pregunta acerca del tema.
27
Yo pienso acerca del tema de la clase.
28
La palabra "X" en español significa "Y" en inglés.
29
Yo resuelvo un problema de matemáticas.
30
Yo soluciono un problema de física o química.
31
Yo sé la respuesta en francés y alemán.
32
Yo borro el pizarrón con el borrador.
33
Yo recuerdo la palabra nueva en italiano.
34
Yo repaso el diálogo en portugués y chino.
35
Yo sumo unos números.
36
Yo resto unos números.
37
Yo multiplico unos números.

38
Yo divido unos números.
39
Yo encuentro la respuesta correcta o incorrecta.
40
Yo corrijo un texto en español o en japonés.
41
Yo compruebo el resultado de una operación.
42
Yo platico con un compañero en clase.
43
Yo guardo silencio.
44
Yo me estoy quieto y callado en el salón de clase.
45
Yo describo un objeto redondo y otro cuadrado.
46
El objeto es ovalado o rectangular y de color rojo.
47
Yo califico los exámenes de mis compañeros.
48
El timbre de la escuela suena.
49
La clase de español termina a las 11:00 de la mañana diario.
50
La clase de español finaliza a las 11:00.

El juego del mimo-maestro resulta ser un éxito grandioso y muy divertido. Todos los alumnos participan y hacen su mejor esfuerzo para que sus compañeros de clase puedan adivinar las oraciones que actúan de forma mímica y graciosa. Vladimir es el último alumno en pasar al frente del grupo. Interpreta el rol del mimo-maestro de una manera excelente. Él es, como siempre, el mejor alumno de este grupo. Terminado el juego y antes de regresar a su asiento, Vladimir se acerca a mi escritorio. Me obsequia un pequeño objeto bellamente envuelto en papel dorado y rojo: es un chocolate que relumbra como una joya preciosa.

—Es para usted, maestra Esmeralda, con gran respeto y admiración de mi parte –expresa él, contemplándome cariñosamente.

Yo alcanzo a distinguir el destello –de un amor secreto oculto en su corazón– que asoma en sus ojos sinceros.

—Muchas gracias, Vladimir –digo, mirándolo con sinceridad y agradeciéndole el amoroso detalle.
Él se retira contento e ilusionado, soñando deseos imposibles.

De pronto consulto el reloj y me doy cuenta de que la clase llega a su fin: son las 11:00 en punto de la mañana. Les aviso a mis alumnos que la clase termina por hoy.

Como tarea, les digo que conviertan todas las oraciones a tercera persona del singular, en los dos tiempos del pasado y en las formas compuestas del modo indicativo, de la voz activa. Antes de marcharse del salón, todos los alumnos pasan a despedirse de mí de manera muy respetuosa y afectiva.

Yo les correspondo de igual modo. Momentos más tarde, el salón queda vacío.

Junto mis libros y todas mis pertenencias del escritorio y los guardo en mi mochila y en mi bolso de mano.

Entonces veo el chocolate que está solo sobre el escritorio. Cojo con calma el pequeño chocolate y lo desenvuelvo con delicadeza y ternura. Descubro que es un chocolate fino con la forma de unos labios sensuales. Lo huelo durante unos segundos: su aroma es cautivador y extremadamente estimulante.

Mis sentidos se despiertan y se abren como los pétalos de una flor en primavera. A continuación me llevo los labios de chocolate a la boca y los muerdo con lenta suavidad, con el propósito de sentir y degustar al máximo el placer sublime del chocolate.

¡¡¡Mmmm, está delicioso, suculento, exquisito!!!, pienso.

—¡Me encanta! –me digo–. Me encanta. El chocolate me apasiona, me enloquece: es mi debilidad.

Cargando mi mochila y mi bolso de mano, camino hacia la puerta para abandonar el salón.

En mi mente van girando, sensuales y apasionados, mundos sublimes de deseos y sueños que nunca van a poder ser realidad. Imágenes de deseos inefables y sueños prohibidos se suceden con frenesí en desbocada pasión calurosa. E instantes después alcanzan la dichosa cumbre y la máxima culminación:

—¡Oh, qué ardiente calor!
Una gota de sudor, satisfecha y extenuada, escurre en forma placentera por mi frente.

La puerta del salón queda atrás y salgo al descanso. Sí, hace mucho calor. Es un calor ardiente, pienso, cuando miro el caluroso sol resplandeciendo en lo alto del cielo despejado.

Reflexiono:
Lo que provoca un exquisito chocolate.
Sonrío.

10

En el descanso

Llega la hora del receso.

Es hora del descanso, pienso. Voy a guardar mi mochila con mis libros en la Sala de Maestros y luego voy a ir a la cafetería para almorzar allí.

Amigos lectores, la emoción se apodera de mí al pensar en la posibilidad de que yo pueda encontrarme a Carlos en los pasillos o en la cafetería misma del CEPE.

Sin embargo, ahora recuerdo que Carlos me dijo ayer que hoy no iba a venir a trabajar.

Dijo que él iba a venir aquí al CEPE hasta la tarde, justo un poco antes de las cinco de la tarde, hora en que va a dar inicio la ceremonia de develación de sus dos obras de arte secretas.

¡Uf, qué nervios, esto me tranquiliza un poco por ahora!, pienso. ¡Después él y yo vamos a ir a cenar juntos esta noche! ¡Qué emoción!

11

En la cafetería de la universidad

La cafetería del CEPE no es un gran restaurante, amigos lectores, sino que es un bello local pequeño, pero con una terraza muy bonita, abierta y grande.

La terraza está a un costado de la cafetería y se extiende hacia el patio de la escuela. En la terraza hay varias mesas y sillas. Algunas de las mesas poseen una gran sombrilla blanca, la cual cubre a los comensales, ya sea de los rayos directos del sol o de la lluvia.

Decido en este momento que hoy voy a cambiar mi rutina, amigos lectores.
Hoy no voy a ir a nadar como siempre lo hago, pienso.

Tan pronto como llego a la cafetería, le pido a un mesero que me dé la carta del menú. Leo la carta sin prisa. Esta mañana quiero almorzar algo ligero; no quiero un almuerzo en forma.

¡Mmm, cómo se me antojan unos chilaquiles rojos con pollo o con dos huevos estrellados!, pienso. Se ven deliciosos. ¡Ay, qué tortura no poder comerlos! Pero hoy me resistiré y nadamás voy a comer algo muy ligero.

Escojo mi comida de la carta. Le ordeno al empleado de la cafetería, quien está en la caja, mi almuerzo.

—¡Bueno días, maestra Esmeralda! -me dice el cajero de la cafetería, quien es un joven muy agradable y servicial, de unos veinticinco años de edad más o menos.

—¡Buenos días, Pedrito! -saludo-. Hoy no voy a almorzar como de costumbre, así que solamente me vas a dar un tamal de salsa verde y un atole de chocolate, por favor.
—Claro que sí, maestra. Le cobro, por favor, son...

Mientras Pedrito me cobra mi almuerzo, veo que un mesero viene de la cocina con una orden de chilaquiles rojos con dos huevos estrellados.
¡Ay, cómo se me antojan!, pienso. La boca se me hace agua nomás de imaginar qué ricos deben saber esos deliciosos chilaquiles picositos. Ni modo. Me aguanto las ganas de comer chilaquiles. Otro día será, Princesa Esmeralda, me digo burlonamente, mientras en mis labios brota una sonrisa simpática y recibo del mesero mi tamal y mi atole.

En seguida camino y me dirijo hacia la terraza, en donde están las mesas. Hay un par de mesas vacías, pero también descubro una mesa ocupada por dos maestras que son compañeras mías: la maestra Alejandra y la maestra Julieta. Naturalmente, decido ir a la mesa en donde ellas están sentadas para hacerles compañía.

—¡Hola, Esmeralda! Siéntate con nosotras -dice Julieta, al verme.
—Sí, por favor siéntese, maestra Esmeralda -dice Alejandra, quien a veces me habla de tú y a veces de usted, sacando una silla de la mesa para que yo tome lugar en ella.
—¡Hola, maestras! Muchas gracias y buen provecho -les respondo, y antes de poder comentar cualquier otra cosa más, una de ellas, Julieta, la más joven, muy emocionada, me dice con una sonrisa pícara:
—Esmeralda, ¿te has dado cuenta de que hoy no vino a trabajar en sus murales el guapísimo y famoso pintor Carlos Soles?
—Cierto, Esmeralda. ¿Tú ya te habías percatado de eso? -pregunta Alejandra, hablándome ahora de tú.
Yo, por toda respuesta, amigos lectores, no puedo menos que sonreír y sonrojarme un poco.

—¡Ay, Esmeralda, no te apenes! Aquí, entre nos, estás en confianza. Supongo que a ti también te gusta muchísimo el famoso y guapo pintor Carlos Soles -me dice Alejandra, la mayor de las dos maestras, al notar mi cara levemente sonrojada; y continúa-: A nosotras dos también nos fascina el famoso artista Carlos Soles. Pero no nos queda más consuelo que soñar con él, pues un gran artista como Carlos Soles, nunca va a poner sus ojos en una maestra como nosotras. Ellos, los que son muy famosos y muy guapos, buscan mujeres extremadamente hermosas, como artistas de cine o modelos, para hacerlas sus novias o esposas. ¿No es verdad, Esmeralda? Por la gran risa interna que me causan sus palabras, yo apenas si puedo asentir afirmativamente con la cabeza y sonrojarme todavía más. Y luego de controlar un poco mi inocente risa interior, consigo decir:

—Chicas, tal vez nosotras seamos más hermosas que esas artistas de cine o modelos que aparecen en las revistas. Y Carlos Soles tal vez ponga sus ojos en alguna de nosotras y se enamore perdidamente de alguna maestra de aquí del CEPE, ¿no lo creen?
—Ja ja ja. ¡Ay, maestra Esmeralda! Usted es muy bonita, ¡sí!, pero ¿cómo se le ocurre tal cosa? Imagínese esto: ¡El mundialmente famoso y guapísimo pintor y escultor, Carlos Soles, enamorado perdidamente de una maestra de español para extranjeros como nosotras! ¡Ja ja ja, ahora sí que me ha hecho carcajear de muy buena gana, maestra Esmeralda! -dice Alejandra, quien a veces no me tutea, sino que me habla de usted, como lo hace ahora. Yo ya no digo nada. Sólo me concreto a reír con ellas felizmente. El tiempo del almuerzo lo pasamos muy bien, conversando las tres maestras juntas. Durante todo el tiempo del almuerzo no hacemos otra cosa que platicar y platicar. Charlamos de mil cosas y reímos de otras tantas más. ¡De verdad que nos la pasamos muy bien y muy divertidas las tres juntas!

Finalmente, mis dos compañeras maestras se despiden de mí y se retiran de la mesa.
Alejandra me dice y recuerda:
—Maestra Esmeralda, recuerde que hoy en la tarde el artista Carlos Soles va a develar lo que todo mundo rumora que van a ser sus dos obras de arte maestras: una pintura y una escultura, todavía hasta hoy cubiertas y las cuales muy pocas personas han tenido el privilegio de ver. —Cierto, Esmeralda. No vayas a faltar, ¿eh? -sentencia Julieta, juguetona, apuntándome con la pistola formada con dos dedos de su mano derecha.

—No, claro que no voy a faltar. Allí nos vemos, maestras -respondo, y les sonrío amigablemente.
Yo continúo sentada un rato

más a la mesa. Veo alrededor mío y descubro algunos alumnos que me conocen. Me saludan levantando las manos y yo les devuelvo el saludo de la misma manera.
Luego miro hacia el cielo, pues escucho el ruido de un avión que pasa volando. A propósito, pienso: ¿En dónde andará Pomboncito? Ya debería de estar aquí para que juntos demos nuestro paseo matinal por los jardines del CEPE y de la universidad.

Busco por todo el cielo a mi gracioso dragoncito mascota, mas no lo veo por ningún lado.
¿En dónde estarás, Pomboncito?, me pregunto.

En realidad, amigos lectores, yo no me acabé mi comida: apenas probé el tamal y sólo bebí unos tragos de atole, pues finalmente he decidido que sí quiero ir a nadar. Les pido disculpas sinceras por cambiar de planes.

La verdad es que cuando iba a empezar a comer, me dieron muchas ganas de ir a nadar un rato. En un principio hoy no quería hacerlo, amigos lectores, pero el día está soleado y caluroso, así que definitivamente termino por decidirme por ir a nadar una hora, como de costumbre.
Sin nadamás que hacer ya aquí en la cafetería, determino levantarme de la mesa y me marcharme del lugar. Me dirijo hacia el baño para lavarme la boca y las manos.

Espero que cuando yo salga del baño, Pomboncito ya esté por aquí, para que juntos demos nuestro paseo, antes de que yo me vaya a la alberca a nadar una hora, deseo. Después de nadar, yo voy a tener que regresar aquí al CEPE para dar mi última clase de español para extranjeros del día de hoy. ¡Y unas horas más tarde, voy a tener mi cita con Carlos Soles! ¡Uy, qué emoción! El corazón me palpita muy rápido. Me siento muy feliz, inmensamente feliz: ¡creo que... enamorada!

Cuando salgo del baño y regreso al patio del CEPE, veo a Pomboncito esperándome en los jardines, como siempre. Pomboncito anda revoloteando muy alegre por encima de los arbustos verdes y las flores coloridas, hermosas y fragantes. Pomboncito está también muy feliz. Es como si él sintiera que hoy es un día muy especial para mí. Llego hasta los jardines y le hago una seña a Pomboncito para que se aproxime hacia mí, pues no quiero hablar fuerte y que los alumnos me escuchen y no vean con quién hablo.

—Pomboncito, vamos a dar un paseo muy corto esta mañana, pues me quiero ir a nadar dentro de unos quince minutos, ¿sí? -le digo en voz baja, sonriendo y mirando feliz a mi mascota imaginaria.

En seguida, tras notar que Pomboncito ahora trae tres manchas de pintura fresca de diferentes colores: azul, blanca y roja, le pregunto:

—Pomboncito, ¿en dónde te andas metiendo, eh? Mírate, traes tres manchas de pintura fresca -y tras meditar sobre el asunto unos pocos segundos, lo cuestiono-: Oye, Pomboncito, no andarás metiéndote en el taller o en la casa de Carlos Soles, ¿verdad? Te lo digo porque no creas que se me ha olvidado que tú una vez lo olfateaste a profundidad para aprehender su olor humano particular, personal y único.

Al punto, Pomboncito actúa como si yo tuviera razón; y como si yo lo hubiese sorprendido en una mentira. Por un segundo parece espantado. Pero en seguida me dice con señas que no, que nada de lo que yo digo es verdad.

—Está bien, Pomboncito. Te creo.

Él sonríe y se pone muy contento de nuevo. Entonces me invita a que comencemos nuestro paseo.

—Vamos, pues, Pomboncito -ordeno, y él se pone en marcha volando de inmediato, delante de mí. Va dando tumbos y marometas en el aire, todas sumamente graciosas y divertidas.

Así, juntos él y yo, iniciamos nuestro paseo lindo y tranquilo por los verdes jardines del CEPE y de la universidad.

Pomboncito me tiene demasiado sorprendida, de verdad. Es como si él estuviera más contento que yo, por alguna razón muy importante y vital que yo desconozco ahora.

¿Será verddad?, reflexiono, ¿o sólo es mi imaginación?

12

En el gimnasio y la alberca

Al cabo de quince minutos, terminado el paseo agradable y tranquilo, me dirijo hacia la alberca de la universidad para nadar un rato.

Como ustedes ya saben, amigos lectores, a Pomboncito no le gusta el agua, así que ni de chiste entra conmigo al recinto en donde se encuentra la alberca. Siempre, en cuanto yo estoy por entrar al lugar en donde está la piscina, Pomboncito se retira volando veloz hacia cualquier sitio que no tenga agua. Normalmente suele irse a algún parque que tenga juegos y niños para jugar y entretenerse con ellos.

—¿Pomboncito, vendrás al rato por mí, a la hora de salida de mi trabajo? –le grito a mi dragoncito mascota.

Él me responde que sí con un movimiento de cabeza y, tras algunos quiebres zigzagueantes y divertidos en el cielo, desaparece volando en el horizonte soleado y de color celeste.

Yo estoy en camino al gimnasio y por fin llego. Lo paso. Más allá del gimnasio se encuentra el recinto en donde está la alberca olímpica.

Entro en las instalaciones de la alberca y me dirijo hacia los vestidores para ir a cambiarme de ropa. Camino por un costado de la alberca. Saludo a mis compañeros de natación y a mi maestro, quien se llama Javier Mares.

Mi maestro Javier Mares es muy guapo y tiene un cuerpo escultural, varonil y perfecto, gracias a la natación, pues él siempre nada al menos dos horas por la mañana y dos horas por la tarde. Javier fue campeón olímpico de natación en el estilo de nado libre. Todas las chicas universitarias se mueren de amor por él y hacen hasta lo imposible porque Javier en persona las entrene.

—¡Hola, Esmeralda! -me saluda Javier, muy contento y efusivo, desde la otra orilla de la alberca, tan pronto como me ve llegar.
Sé que Javier está muy enamorado de mí. Él no me lo ha dicho directamente a mí, pero sí se lo ha confesado ya a más de medio mundo. Todos lo saben y Javier tiene la esperanza de que algún día yo...
—¡Hola, Javier! -le respondo sonriente, saludándolo con un brazo en lo alto, desde el otro lado de la alberca.

Enseguida él agrega sincero y muy entusiasmado:

—Esmeralda, perdóname, pero hoy no puedo quedarme callado. Tengo que decirte, con todo respeto, lo que veo: ¡Hoy vienes más hermosa que nunca! ¡Pareces una princesa!
—¿Así te parece, Javier?
—¡Por supuesto que sí, Esmeralda! Acaso será que... ¿tendrás alguna cita romántica este día?
—Sí, así es, Javier -respondo, al tiempo que con mi bello dedito índice de la mano derecha le reafirmo que sí, doblándolo un par de veces.
—¡Oh, qué maravilloso! ¡Una cita de amor! -dice Javier, mirando mi dedito índice con ojos cada vez más tristes y nublados.
Entro en la zona de los vestidores. En el lado derecho están los vestidores de hombres y en el lado izquierdo los vestidores de mujeres.
Entro en los vestidores de las mujeres y voy directo y rápidamente hacia mi casillero. Lo abro y saco mi traje de baño de repuesto y mis demás implementos para nadar: mis gogles, mi gorra, mis tapones para los oídos, mis sandalias, mi toalla, mi bata de baño, etcétera. Me reviso mi sexo.
Afortunadamente, siento que hoy no me va a bajar mi regla, pienso, así que podré nadar a gusto. Me cambio rápido de ropa y me desmaquillo. Guardo mi vestido doblado propiamente -para que no se arrugue- en el casillero, junto con todas mis cosas y pertenencias. Luego cierro el casillero y me dirijo hacia el espejo que hay en una pared del vestidor. Me paro ante el espejo para mirar que yo esté bien vestida y que esté todo en orden. Me observo en el espejo. Me veo vestida con mi traje de baño reglamentario de color azul marino.

¡Luces hermosa, Princesa Esmeralda! Si Carlos te viera así, uy,..., pienso y me sonrío pícaramente. Salgo del vestidor con rumbo hacia la alberca. Javier se aproxima a mí y, tras decirme otro cumplido por lo hermosa que me veo, me explica con esmero mi rutina de natación para el día de hoy. Mientras escucho a mi entrenador, me doy cuenta de que, como de costumbre, amigos lectores, casi todos los hombres que hay en el recinto de la alberca mantienen puestas sus miradas discretas y atentas en la belleza de las curvas sensuales de mi cuerpo. Cuando Javier termina de explicarme mi rutina, se marcha para atender con dedicación profesional a otros compañeros de natación.

Entonces, por fin yo me acerco al filo de la piscina. Me pongo en posición para lanzarme y echarme un clavado en el agua de la alberca olímpica. Sin mirar a nadie, sé perfectamente que todos me miran a mí en este preciso momento, como siempre suelen hacerlo. Todos los chicos mantienen sus ojos puestos en mi figura atractiva y seductora adornada con el traje de baño.

Se hace un silencio de atención en todo el recinto y de pronto: ¡esplash! suena mi cuerpo, al penetrar en el agua como una lanza dura y recta. Me sumerjo feliz, nadando como una sirena princesa, hasta tocar el fondo de la alberca. Después emerjo hasta la superficie del agua, respiro, y luego continúo nadando durante una hora, siguiendo siempre la rutina de natación que me impuso mi entrenador Javier.

Siempre tengo sobre mí, durante la hora completa, casi todas las miradas discretas y deseosas de los chicos. Al cabo de una hora de estar nadando, salgo de la piscina y me voy a bañar a los vestidores. Me baño rápido. A continuación me visto y me maquillo aprisa, pero bien, para quedar finalmente como yo estaba, antes de comenzar a nadar.

Salgo del recinto de la alberca igual de hermosa y arreglada que cuando llegué, hace un poco más de una hora. Javier, tras despedirse de mí, me dice:

—Esmeralda, hoy, un hombre, seguro que va a sentirse el hombre más afortunado y dichoso del mundo. Te lo juro. ¡Mucha suerte con tu cita de hoy!

—Gracias, Javier. Nos vemos hasta el lunes. ¡Buen fin de semana! -digo, y abandono las instalaciones de la alberca, seguida por una ola espumosa de suspiros y miradas soñadoras de los hombres que hay aquí.

Me alejo de la alberca caminando sin ninguna prisa. Voy cruzando el enorme gimnasio de la universidad, cuando pienso, amigos lectores:

Hoy me siento tan dichosa que me parece que no quepo en mí misma de lo contenta que estoy. Entonces me sucede algo raro, algo extraño, algo mágico y curioso: veo que todos los hombres y mujeres que hay aquí en el gimnasio, practicando distintas actividades y ejercitándose con diferentes aparatos, todos y todas, sin excepción, son: yo.

¡Sí, todos y todas son yo! ¡Es como si hubiera muchas, muchísimas Esmeraldas por todas partes! Todos los hombres y mujeres que miro son como yo, igualitos a mí. Yo los veo no con su apariencia propia y personal, sino con mi apariencia física y con mi rostro. Es como si en el mundo del gimnasio solamente hubiera muchas personas igualitas a mí: muchas Esmeraldas.

Y yo me veo a mí: Yo estoy sentada en una banca, poniéndome mis tenis.
Yo, en tres personas distintas, estoy saliendo de los vestidores, revisándome el arreglo de mi ropa deportiva para hacer ejercicio. Me veo también en otra chica: yo estoy haciéndome una apretada cola de caballo, antes de subir al ring para practicar box.

Y me veo en varios chicos más: yo estoy saltando la cuerda para calentar antes de practicar boxeo, karate, kung fu y artes marciales. Yo estoy levantando pesas. Y veo que yo puedo levantar pesas que pesan más de 150 kilos.

También yo estoy sentada en una banca, haciendo ejercicios con mis piernas firmes y atléticas, levantándolas lo más alto posible. Además yo estoy haciendo calentamiento, estirando mis brazos y mis piernas y realizando círculos con ellos alternadamente: primero para delante y luego para atrás.

Yo también me descubro haciendo ejercicio con los distintos aparatos del gimnasio.

Yo, repetida ocho veces, estoy haciendo caminata en ocho escaladoras. Yo, repetida doce veces, estoy corriendo a máxima velocidad sobre doce bandas de caucho que giran veloces. Yo, repetida más de cincuenta veces, estoy corriendo, saltando, brincando obstáculos y trotando allá afuera del gimnasio, en la pista de atletismo.

Yo estoy jugando fútbol, básquetbol, vóleibol, tenis y otros muchos deportes más de equipo. Y allá atrás, en la alberca, yo estoy buceando.

También estoy echándome un clavado en la alberca desde el trampolín de diez metros. Yo me veo patinando con patines de ruedas en la pista de cemento y también patino con patines de cuchilla en la pista de hielo, la cual aparece en el gimnasio que crece y se expande como un mundo nuevo y deportivo. Yo practico ciclismo, motociclismo y automovilismo. Es decir, yo ando en bici, ando en moto y ando en auto.

Yo me veo que esquío en la nieve de las montañas nevadas, las cuales aparecen en el mundo creciente y deportivo del gimnasio. Y me veo esquiando, haciendo eslalon, saltando con esquís y dando impresionantes giros mortales en el aire. Por todas partes me sigo encontrando yo:

Yo monto a caballo. Practico la equitación. Yo lucho contra otro luchador enmascarado en el cuadrilátero de lucha. Yo me ejercito sola en el césped. Yo practico tai chi y yoga. Yo soy el entrenador. Yo soy el mozo de limpieza que limpia los aparatos y también soy el mozo que barre y trapea el piso del gimnasio. Yo soy todos los hombres y todas las mujeres que están en el gimnasio y también los que no están e imagino. Sigo caminando y por fin dejo atrás el gimnasio y toda esta loca ilusión de que todas esas personas soy yo. ¡Qué locura!, pienso. ¡Ay, lo que hace el amor, Carlos!

¡Zuuummm, zuuummm y zzzuuummm! Pomboncito aparece y pasa zumbando y volando por encima de mi cabeza. Al ver que me despeina un poco, se sonríe el muy travieso.

—Vas a ver, Pomboncito travieso. Ya me las pagarás después -digo, y sonrío, mientras continúo caminando con dirección a mi salón de clases en el CEPE, para dar mi última lección de español por el día de hoy viernes.

Dentro de unas horas más, voy a encontrarme con Carlos para ir a cenar con él. Y después de cenar, me gustaría bailar un par de melodías románticas con música de mariachi. ¡Qué emoción! ¡Qué felicidad!

Respiro honda, muy hondamente. Miro el cielo y sonrío. El cielo, los árboles, el camino de regreso al CEPE por los jardines de la universidad -verdes y llenos de flores multicolores- son los mismos de siempre. Sin embargo, hoy todo y todos me parecen nuevos, más hermosos y coloridos que nunca antes.

Amigos lectores, siento unos deseos inmensos por bailar y cantar.

Princesa Esmeralda, no cabe ninguna duda de que eres una mujer muy afortunada y... ¡enamorada!, me digo. Por fin llego al salón de clase, saludo a todos mis alumnos extranjeros y principio la última clase de español del día de hoy.

La clase dura una hora, pero el tiempo se me va volando. Más tarde, cuando consulto la hora, me doy cuenta de que debo terminar la clase ya. Les comunico a todos mis alumnos que la lección 25 queda de tarea para entregarla el próximo lunes. Concluyo diciendo:

—Bueno, chicos, nos vemos hasta el lunes. ¡Les deseo que todos tengan un lindo fin de semana! Adiós.

Salgo del salón. Voy feliz, andando sin prisa con rumbo al estacionamiento en donde se encuentra mi automóvil.
Al cabo de caminar unos metros con dirección al estacionamiento, recuerdo que no vine en carro porque se me descompuso y que lo dejé estacionado en una calle poco transitada. Me río de mi olvido y de mi intención de ir hacia el estacionamiento.

Estás loquita, Princesa Esmeralda, me digo, riéndome yo sola de mi locura y olvido. ¡Es el amor, es el amor! ¡Ay, Carlos!

Pomboncito aparece volando: viene descendiendo del cielo muy divertido.

Lo observo. Por fin llega a mí.
—¡Pomboncito, mírate el lomo, ahora traes una mancha de pintura fresca de color rosa allí -le reclamo, fingiendo enojo-. ¿En dónde te andas metiendo, eh? Dime, travieso.

Y tras una pausa, agrego sonriendo:
—Pomboncito, ya te pareces a Carlos, andas lleno de pintura todo el tiempo, de unos días para acá.

Pomboncito se mira el lomo y distingue la mancha de pintura fresca de color rosa. Y sin esperar más, sale disparado volando hacia el cielo, para frotar su lomito contras las suaves nubes y limpiarse de ese modo las manchas de pintura.

Veo que Pomboncito se me pierde de vista allá en lo alto del cielo, cuando se interna entre unas pocas nubes blancas, algodonadas y suaves, que apenas se mueven, en forma perezosa.

Naturalmente, amigos lectores, yo no llego al estacionamiento, pues no está mi auto en él. Así que, por lo tanto, me doy media vuelta y regreso a la Sala de Maestros para dejar mi mochila con los libros en mi casillero de allí.

Posteriormente voy a la oficina de Servicios Generales y pido que den la orden para que alguien del taller mecánico vaya a recoger mi auto averiado. Les anoto en una hoja la dirección de la calle en donde dejé estacionado el carro.

Finalmente me despido del personal, así como de algunas compañeras maestras. Luego camino y salgo del CEPE.

13

Dando un paseo por las calles de la ciudad

Como no tengo hambre ni ganas de comer, amigos lectores, decido dar un paseo por las calles de la ciudad. Lo cierto es que tengo muchas ganas de caminar, pero también tengo muchas ganas de andar en bicicleta y pasear por las calles principales y más bonitas de la Ciudad de México. A mí me encanta la avenida Insurgentes que cruza toda la Ciudad de México de norte a sur. Pero me gusta todavía más la avenida Reforma que atraviesa la ciudad de este a oeste.

Por ahora deseo pasearme por San Ángel, pues es una zona turística muy visitada y cercana a la UNAM. Sin embargo, también quiero ir más lejos. Quiero ir más hacia el norte, allá por donde está el gigantesco edificio del World Trade Center.

Luego quiero ir en bicicleta todavía más allá, hasta llegar a pasear por la enorme zona del bosque y del zoológico de Chapultepec.
Después de pasearme por el hermoso y gigantesco bosque de Chapultepec, quiero andar a lo largo de toda la avenida Reforma. Cuando ya esté paseando por la avenida Reforma, que es moderna, bella y amplia; quiero detenerme en ella, de vez en cuando, para poder ver y contemplar la enorme altura de los edificios rascacielos que allí se amontonan.

Posteriormente quiero seguir e ir, montada en la bici, hasta la zona de oficinas de Polanco y Lomas, para andar por sus calles repletas de oficinas y restaurantes nacionales e internacionales. También quiero pasearme por su famosa avenida Mazaryk, colmada con lujosas tiendas comerciales de las mejores y más exclusivas marcas del mundo.

Deseo continuar luego con rumbo hacia el norte, hasta llegar a la antigua Villa, ahora conocida como la Basílica de Guadalupe: el inmenso centro religioso de los mexicanos católicos.
Más tarde pretendo seguir, con dirección hacia las Pirámides de

Teotihuacán, zona arqueológica en donde vivieron antiguos mexicanos.
Y después...

Yo quisiera hacer todos esos recorridos y paseos en bici, pero la verdad es que resulta imposible. Me tengo que conformar con montarme a una bici e irme a pasear a una colonia cercana a la universidad. No teniendo más alternativa, amigos lectores, es lo que hago. Así que me dirijo caminando a la estación de bicicletas más próxima y, tras pasar mi tarjeta por la máquina despachadora de bicicletas, tomo una. Me acomodo el vestido, me subo a la bici y comienzo a pedalear y a andar en ella.

Yo me dirijo en bici hacia el parque más cercano. A lo largo de mi trayecto hacia el parque, a veces circulo por algunas avenidas y calles muy transitadas; y otras veces viajo por avenidas y calles sin tráfico y con poca circulación de vehículos.

Paso algunas calles turísticas y otras comerciales o de oficinas. En ocasiones me detengo frente a las tiendas para mirar sus aparadores y vitrinas maravillosos y espectaculares.

Por minutos circulo por las calles en sentido recto y me voy todo derecho. Sin embargo, a veces debo dar vueltas, y es entonces cuando doy vuelta a la derecha o a la izquierda, cuando es necesario.

No me subo a ningún puente ni paso tampoco por ningún paso a desnivel o túnel. No obstante, sí paso por debajo de un par de puentes altos y largos.

En mi viaje, un perro despistado se cruza de manera imprudente en mi camino. Yo me veo obligada a tocar el timbre de la bicicleta para espantar al animal del camino. El perro corre espantado del arroyo de la calle y regresa a la banqueta.

Pobrecito perro callejero, pienso, está asustado. Pero lo mejor es que ahora, subido en la banqueta, está sano y a salvo. Allí ningún vehículo lo va a atropellar o a lastimar.

Por fin, al cabo de algunos minutos, llego al parque. Es un parque grande, cuidado y muy tranquilo. Tiene muchos árboles altos, muchas áreas con pasto podado y varias fuentes redondas con agua limpia. También posee varios andadores de piedra para pasear por el parque e internarse por entre

sus bellos jardines colmados de flores de varios colores.

Después de caminar y pasearme un rato por el parque, me da un poco de sed. Me aproximo a uno de los puestos comerciales del parque. Es una pequeña tienda ubicada allí, dentro del parque. Me compro un refresco frío de sabor cola y una bolsa de papas fritas con mucho chile. Pago.

Enseguida me voy a sentar a una banca del parque, cubierta por la sombra de un gigantesco y frondoso álamo. Paso allí sentada un tiempo bastante agradable.

Al cabo de un rato, me dirijo hacia un puesto de periódicos y revistas, ubicado en una esquina del mismo parque.

Compro un periódico.

14

Consultando el tiempo y el clima

El día está muy soleado y está un poco caluroso, amigos lectores. No hace frío. Tampoco va a llover. El cielo está despejado.
Hoy inicia la estación de la primavera. Termina el invierno.
Yo camino por un andador del parque. Me dirijo hacia una banca vacía. Pretendo sentarme un rato y leer el periódico. Elijo una banca vacía que está ubicada bajo la sombra grande y fresca de un árbol extremadamente frondoso. Tengo el periódico en mis manos. Leo algunos artículos y noticias interesantes.

El tiempo pasa. El tiempo transcurre: pasan los segundos, los minutos y yo no me doy cuenta de ello.

Consulto la hora en mi reloj de pulso. Son las dos y media de la tarde. Aún es temprano para mí, pues no tengo nada qué hacer por ahora.
Frente a mí, allá en el césped, veo a varios niños y niñas jugando y corriendo. Todos están divirtiéndose. Todos están contentos y se ríen a carcajadas. Su risa infantil y contagiosa me hace sonreír de buena gana. Una niña llama mi atención en particular, amigos lectores.

La niña parece tener unos cinco años de edad. Es una niña inmensamente feliz. Ella está jugando sola. Corre divertida por el césped. Va jalando un globo que vuela en lo alto del cielo. La niña corre alegre jalando su globo. A veces, la niña se detiene cansada unos segundos. Entonces parece que ella le habla y le dice algo a su globo con figura de delfín. Luego la niña se ríe a carcajadas, como si el delfín respondiera muy graciosamente.

La risa divertida y feliz de la niña me hace sonreír. Pero también hace que yo recuerde algo. Recuerdo, amigos lectores:
Soy una niña. Tengo casi seis años de edad. Estoy corriendo muy alegre y divertida por el césped verde del parque. Mis papás acaban de comprarme tres globos: uno es de color blanco, otro de color azul, y otro más de color rosa.

Yo ando corriendo por todo el parque, jalando mis tres globos de colores que vuelan en lo alto del cielo. De pronto, veo que Pomboncito aparece en el cielo y viene volando veloz hasta mí, para decirme a señas que él quiere jugar conmigo.

Pomboncito me dice que él también quiere ser un globo.
—Ja ja ja –me carcajeo fuertemente–. ¡Ay, Pomboncito, qué cosas se te ocurren! –le digo–. Tú pareces un globo, porque estás muy gordito, ¡pero no eres un globo! Eres mi mascota y eres un dragón bebé.

Apenas termino de decir esto, cuando Pomboncito pone cara de tristeza y una lagrimita escapa de uno de sus ojitos saltones.

—¡Ay, Pomboncito, no te pongas triste ni llores! –le digo, acariciándole su cabecita y cuernito–. Está bien. Juguemos juntos. Tú también vas a ser un globo, Pomboncito. Amárrate un hilo en la panza y dame la otra punta del hilo para que yo te jale junto con mis tres globos.

Él sonríe contento y hace al instante lo que yo le indico.
—¿Con quién hablas, Esmeralda? –me pregunta mi papá, desde la banca en donde está sentado, cuidándome, en compañía de mi mamá.
—Con Pomboncito, papi –le respondo a mi papá–. Es que él dice que quiere jugar conmigo. Pomboncito dice que quiere ser un globo. ¿Puedes creer eso, papi?
—¡Ay, hija, lo que no puedo creer es que hables con mascotas imaginarias! Ésas no existen.
—Déjala, amor. Nosotros no podemos ver a su mascota imaginaria, pero te juro que Esmeralda sí la ve –le dice mi mamá a mi papá, para reconfortarlo y tranquilizarlo.

Sin embargo, yo ya no escucho lo que mis papás dicen, pues Pomboncito se ha amarrado un extremo del hilo alrededor de su pancita y luego me ha lanzado el otro cabo del hilo para que yo lo jale, como si fuera un globo más.

Así lo hago: yo comienzo a correr feliz y risueña por el parque, mientras voy jalando mis tres globos de colores y a... ¡Pomboncito!

Hay algo más que ahora recuerdo de aquella vez, de cuando yo jugaba y jalaba a Pomboncito como si él fuera un globo. Esto es lo que recuerdo, amigos lectores:

Yo estoy un poco cansada de tanto correr por el parque y de andar jalando mis tres globos y a Pomboncito. Estoy parada, descansando.

De súbito, oigo el fuerte silbido de un tren: ¡chu chu, chu chu!
Pongo atención a los sonidos del parque, pero ya no oigo nada. Solo oigo los ruidos comunes y normales del parque.
Sin embargo, luego de transcurridos algunos segundos, vuelvo a escuchar el sonoro silbido de un tren que se acerca a gran velocidad:

¡Chu chu, chu chu!

Ahora sí, ya no tengo ninguna duda de que yo estoy parada en el camino de un tren que se aproxima a gran velocidad y directamente hacia mí. Además, el tren viene silbando a máxima potencia.

Miro alrededor de mí para ver por dónde viene el tren veloz y silbante.
Lo descubro pronto: el tren no es un tren de verdad, obviamente, sino que es un gusanito risueño y grande, con forma de tren y con ruedas de goma, y viene sacando bolitas de humo por su chimenea.

El trenecito está aproximándose veloz; viene silbando muy fuertemente. El gusanito tren se detiene cerca de mis zapatos y me dice, muy sonriente:
—¡Hola, Princesa Esmeralda! La Reina del parque está encantada con tu visita y por eso te manda este obsequio –el gusanito tren pone una caja de regalo con moño plateado junto a mis pies, sobre el pasto. Entonces yo le respondo, muy contenta y agradecida:

—Muchas gracias, gusanito tren. Dale mis más cumplidas gracias a la Reina del parque. —Así lo haré –dicho esto, el gusanito tren silba un par de veces más, antes de partir, cargando una pelota de regalo, con rumbo hacia un niño que está jugando cerca de tres hongos pequeños, los cuales parecen casitas de juguete.

15

Circulando por la ciudad

Amigos lectores, al ver qué feliz se va el gusanito tren sobre sus ruedas de goma llenas de aire, a mí también se me antoja ir en mi propio auto con llantas de goma, así que llamo a mi tortuguita auto veloz:
—¡Tortuguitauto Zumzum, ven!

Apenas termino de llamar a mi carro, cuando mi Tortuguitauto Zumzum veloz aparece sonriendo y llegando a toda velocidad: zuuuuummmmm zuuummm zuuumm zuum zum.

Mi Tortuguitauto Zumzum veloz y juguetón es una tortuguita parada, pero que en lugar de tener dos patas traseras, tiene dos llantas grandes, poderosas e increíblemente veloces. Mientras que en sus dos patas delanteras tiene un pequeño y diestro volante para conducir. Amigos lectores, cuando yo me canso y ya no quiero caminar, yo siempre llamo a mi Tortuguitauto Zumzum y me trepo en su caparazón y así, montada en ella, viajo y circulo por las calles y avenidas de toda la ciudad imaginaria del parque.

Yo me acerco a Tortuguitauto Zumzum, quien me sonríe porque vamos a viajar y a divertirnos los dos juntos. Yo no abro la puerta de mi Tortuguitauto Zumzum y no me meto en él, sino que más bien, me trepo en su concha suave y cómoda. Yo me siento, pero no cierro ninguna puerta, pues no la hay. Sin embargo, sí me pongo el cinturón de seguridad. Yo no enciendo el carro, sino que mi Tortuguitauto Zumzum se prende solo y comienzo a conducir con él.

Yo manejo mi Tortuguitauto Zumzum por las calles y las avenidas de la ciudad imaginaria del parque. Me freno al llegar a la esquina, cuando el semáforo está en luz roja. Después vuelvo a ponerme en circulación con mi Tortuguitauto Zumzum cuando el semáforo se pone en luz verde. Adelante, a tres cuadras de mí, veo que aparece un puente. Subo el puente, transito por él, y luego lo bajo. Circulo por avenidas rápidas y muy transitadas. Voy cuidando de no chocar con ningún otro carro o camión, pues yo quiero mucho a mi Tortuguitauto Zumzum. En ocasiones yo rebaso a algún auto o camioneta, pero en otras ocasiones ellos me rebasan a mí.

Mientras circulo por las calles y avenidas de la ciudad, a veces freno, luego arranco y acelero. Otras veces aumento la velocidad y después la disminuyo. Hay veces en que doy vuelta a la izquierda o a la derecha, pero otras veces sigo manejando todo derecho, de frente, sin dar vuelta para ningún lado. Cruzo calles y avenidas muy transitadas. También subo y bajo puentes altos y largos. Además atravieso túneles largos y cortos. Paso por muchas calles. Paso por enfrente de casas, de edificios de departamentos y edificios de oficinas; pero igualmente paso frente a muchos negocios, tiendas y talleres.

Durante mi viaje paso por centros comerciales, oficinas de correos, estaciones de policía, panaderías, tortillerías, iglesias, mercados, hospitales, consultorios médicos, consultorios dentales, bancos, clubes deportivos, restaurantes, embajadas, consulados, pizzerías, puestos callejeros, parques, escuelas, universidades, institutos, etc.

De repente me doy cuenta de que necesito cargar gasolina, pues se me está acabando.
Hago una parada en la gasolinería más cercana para que mi Tortuguitauto Zumzum cargue gasolina. Después de cargar gasolina, mi Tortuguitauto Zumzum y yo continuamos con nuestro viaje por la ciudad. Me dirijo hacia el centro de la ciudad y lo atravieso. Luego cruzo la zona financiera y la zona turística. No paso por la zona peligrosa. Tampoco salgo hacia los suburbios de la ciudad. Solamente ando viajando dentro de la ciudad. Al cabo de un rato, veo que adelante aparecen tres túneles. El primer túnel es un poco largo y muy ancho. Lo atravieso por completo rápidamente.

A continuación paso el segundo túnel que es muy corto y estrecho.
Después de meterme al tercer y último túnel, y luego de salir de él, por fin llego a un estacionamiento: no subterráneo, ni elevado, sino a nivel de tierra. Allí estaciono mi Tortuguitauto Zumzum.

Hago todo esto sin la necesidad de salir de la planicie de césped segura de este parque lindo y divertido.
Mis papás me ven desde allá, desde la banca en donde están plácidamente sentados y cuidándome. Supongo que tienen esas caras de asombro y extrañeza con que me miran porque deben de estar admirados y sorprendidos por la gran velocidad y destreza de mi Tortuguitauto Zumzum. Sonrío feliz, contenta. Por último recuerdo, amigos lectores, que aquel día, en el parque:
Después de jugar y correr por el parque, y cansarme mucho, yo me siento en el césped, bajo la sombra fresca de un árbol frondoso.
A continuación mis papis me dan unas hojas blancas y grandes, y muchos lápices de colores para que yo dibuje. Principio a dibujar. Yo me dibujo a mí misma. Pero obviamente, no me dibujo como una niña normal, sino como una niña en dibujo: con ojos grandes y bonitos como los de Pomboncito, pero con pupilas de color miel; y con dos coletas de cabello como peinado. Mi cuerpo lo dibujo con la forma que tiene un huevito blanco e impoluto. Después realizo otros dibujos más.

Un rato más tarde, mis papás me entregan muchas barras de plastilina de varios colores para que yo haga figuritas. Y es entonces cuando convierto todos los dibujos que yo hice, en pequeñas y graciosas figuras de plastilina, las cuales lucen como graciosas esculturas diminutas y de colores.
Amigos lectores, vuelvo de mis recuerdos al tiempo presente de hoy día viernes: El sol brilla esplendoroso en lo alto del cielo. Casi no hay nubes en el cielo. Pero sí veo que hay muchos pájaros coloridos volando majestuosos por el cielo del parque. Consulto la hora en mi reloj. Son las tres de la tarde y algunos minutos más. Tengo un poco de sed, aunque todavía no tengo hambre. No tengo ganas de comprar algo para comer ni de ir a un restaurante.
De repente recuerdo que ya no traigo mucho dinero en mi cartera. Voy a tener que ir al banco para sacar dinero y será mejor que lo haga ahora mismo, pienso.
Me levanto de la banca del parque y camino. Salgo del parque. Dejo la bicicleta en un estacionamiento de bicicletas ubicado en el mismo parque.

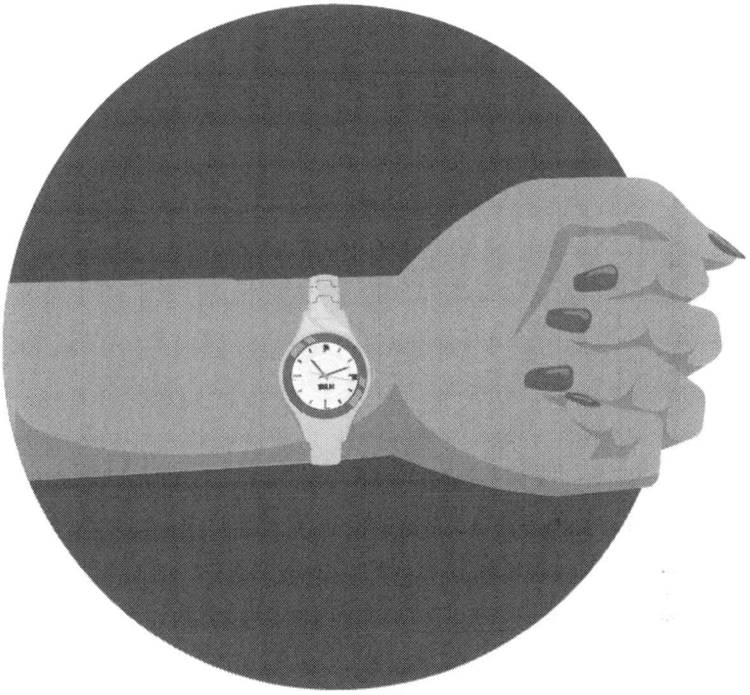

16

En el banco

Ahora me dirijo hacia un banco, amigos lectores. Voy caminando por la calle. Los hombres, de todas las edades, no paran de decirme piropos graciosos y gentiles cuando pasan por mi lado. Sus piropos me hacen gracia y en ocasiones me hacen reír de buena gana.

Después de andar un par de cuadras, llego al banco.
Entro en la sucursal bancaria y me formo en la fila de personas que van a retirar o a depositar dinero en la ventanilla de depósitos y retiros.

La cola de personas es larga, pero la fila avanza rápidamente. Unos minutos más tarde, ya estoy en la ventanilla de depósitos y retiros. Lleno un par de formularios bancarios para poder hacer un retiro de dinero en efectivo y luego hacer dos depósitos de pago de servicios personales.

Al cabo de unos minutos termino de hacer todas mis operaciones bancarias y me dispongo a salir del banco. Tan pronto como salgo, me acuerdo que antier una amiga me pidió dinero prestado para pagar la mensualidad de su gimnasio. Consulto la cantidad de dinero que tengo en mi cartera y me doy cuenta de que necesito un poco más de dinero. Voy a tener que sacar más dinero, pienso.

Pero ya no voy a volver a entrar al banco para solicitar dinero en ventanilla.

Mejor voy a sacarlo del cajero automático.

Me dirijo de inmediato hacia la zona de cajeros automáticos para sacar más dinero. Afortunadamente sólo hay cinco personas formadas para pasar a los cajeros automáticos.

Me formo. Yo hago cola en la fila, sin impacientarme ni molestarme, a diferencia de otra persona que sí parece estar muy impaciente y molesta. La cola de personas avanza rápidamente. En breve tiempo me toca mi turno de entrar al lugar de los cajeros automáticos. Me dirijo hacia uno vacío e introduzco de inmediato mi tarjeta bancaria. Después, en la pantalla del cajero automático, tecleo mi contraseña y posteriormente digito la cantidad de dinero que deseo retirar. Segundos más tarde, la ranura del dinero del cajero automático se abre y saca los billetes. Cojo el dinero de la ranura y regreso mi atención a la pantalla.

En la pantalla aparece un texto que me pregunta:

¿Desea hacer otra operación bancaria?

Tecleo las letras de la palabra "No". En seguida me pregunta el cajero automático por medio de su pantalla:

¿Desea contratar un seguro de vida?
Digito otra vez "No".

En la pantalla vuelve a aparecer otra leyenda. Ahora me pregunta:

¿Desea obtener un préstamo inmediato por la cantidad de $...?
Tecleo una vez más: "No".

Por fin veo que en la pantalla el cajero automático me da las gracias por haber venido aquí y, tras esto, se cierra al instante el acceso a mi cuenta. Recojo mi tarjeta bancaria tan pronto como la expulsa de la ranura el cajero automático, así como el ticket impreso con los movimientos bancarios realizados y mi estado de cuenta actual.

Con el dinero ya en mi cartera y mi bolso, abandono por fin los cajeros automáticos.

17

De compras en las tiendas del centro comercial

A un par de cuadras del banco, amigos lectores, hay un centro comercial muy grande y moderno. Como ya no tengo ganas de andar en bicicleta y ya la he dejado allá en el parque, decido tomar un taxi.

Camino por la calle y en la esquina me detengo. Paro un taxi.

—Buenas tardes. Por favor, lléveme al centro comercial Estrella –le digo al chofer del taxi.

El taxista me escucha y obedece. De inmediato pone el auto en marcha con dirección hacia el sitio solicitado.

En cuestión de minutos llego al centro comercial. Bajo del taxi y pago. Después camino y entro en el centro comercial.

Me sumo a la enorme cantidad de personas que andan haciendo sus compras. En realidad, amigos lectores, yo no tengo nada que comprar. Sólo vengo para caminar un ratito más y distraerme. Voy a pasear por los pasillos de la plaza comercial con el fin de que el tiempo pase y nadamás.

Y así lo hago. Sin embargo, cuando paso frente a una nevería muy amplia y luminosa, con muchos carteles de paletas y helados colgados en sus paredes, me dan ganas de comprarme un helado de chocolate con fresa, grande y exquisito.

Sin dudarlo ni un instante más, entro en la nevería para comprarme un rico helado de chocolate con fresa. Lo pago en la caja. Recibo mi helado. En seguida voy a sentarme plácidamente a un sillón cómodo de la sala de la nevería. Allí me como mi helado sin prisa alguna.

Posteriormente reanudo mi paseo por los pasillos del centro comercial. Paso frente a varios restaurantes y, aunque tengo un poco de hambre, no me decido a entrar en ninguno de ellos. Ya no debe faltar mucho tiempo para que Carlos devele su pintura y su escultura "secretas", pienso. Consulto la hora y miro el reloj.

Ya son las 4:40. Perfecto, pienso. Tengo el tiempo justo para llegar bien y a tiempo para la ceremonia de develación de las obras de arte de Carlos.

Enfilo hacia la salida del centro comercial.

Tan pronto como me hallo en la calle, paro un taxi y lo abordo.

—Buenas tardes. Al CEPE, por favor –le ordeno con amabilidad y una sonrisa al taxista.

El auto arranca con dirección al lugar indicado.

18

En el evento cultural y artístico

Tan pronto como llego al CEPE, amigos lectores, noto que todo es una gran fiesta aquí.

Hay muchísimas más personas que de costumbre en este lugar. No cabe ninguna duda de que hoy es un día muy especial e importante aquí en el CEPE.

Mientras voy andando por los pasillos del CEPE, me cruzo con una gran cantidad de personas que están todas muy animadas. Veo que todos los hombres y mujeres visten muy propia y elegantemente.

Algunos hombres visten trajes de color oscuro, mientras que otros hombres portan impecables esmóquines negros. Las mujeres, en general, todas visten vestidos largos, preciosos y elegantes.

Por todas partes en el CEPE, ya sea en los pasillos, salones de clase o jardines, reina un ambiente de fiesta animada, ceremoniosa y elegante. Las sonrisas se ven por todas partes y las risas francas se escuchan por dondequiera. La alegría y la elegancia se aprecian por todos lados y en todas las personas invitadas a la ceremonia de develación de las obras artísticas de Carlos Soles.

Escucho que la gente dice con emoción que el rector de la Universidad Nacional Autónoma de México ya está aquí. Y que el rector de la universidad anda acompañado por el querido director del Centro de Enseñanza para Extranjeros.

Me siento muy emocionada. Me doy cuenta de que la ceremonia, de las dos obras artísticas de pintura y escultura que Carlos va a develar, es sumamente importante. Literalmente es una noticia de nivel nacional e internacional.
Por los pasillos y jardines del CEPE deambulan y platican muchos periodistas nacionales e internacionales que están aquí para cubrir y

reportear este magnífico evento. También hay camarógrafos y reporteros de televisión y de radio. En una palabra: todo el mundo de los noticieros y la prensa está reunido aquí.

Yo estoy muy feliz, muy contenta, muy emocionada.

Carlos está enamorado de mí, pienso dichosa, y sonrío.

Antes de dirigirme hacia el estrado de honor en donde va a tener lugar la ceremonia, determino primero pasar al baño de mujeres para revisar mi arreglo personal.

Entro en el primer tocador de mujeres que encuentro por mi camino. Deseo revisar mi arreglo personal y ver si es necesario que me retoque mi peinado o mi maquillaje.

Me veo frente al espejo.

Princesa Esmeralda, estás muy hermosa así, me digo sonriendo, para intentar calmar mis nervios, mientras me observo en el espejo. Estoy elegantemente vestida con mi vestido blanco y mis zapatillas del mismo color.

No hace falta que te maquilles ni que compongas tu peinado. Luces preciosa así, tal y como estás, Princesa Esmeralda.

Me doy vuelta ante el espejo para verme por detrás. Compruebo que todo está bien.

—Esmeralda, de verdad que luces como una princesa real y genuina –me digo en broma y me guiño un ojo.

Luego concluyo mentalmente: ¡Y ahora vámonos! La ceremonia está por comenzar.

Salgo del baño de mujeres y comienzo a caminar por el pasillo con rumbo al estrado de honor en donde va a celebrarse la ceremonia.
Voy avanzando muy contenta por el pasillo en compañía de muchas personas que también se dirigen hacia el lugar de la ceremonia.

Yo voy llegando al final del pasillo, el cual desemboca en el jardín en donde va a tener lugar la ceremonia de develación de las obras artísticas y secretas de Carlos, cuando...

¡¡¡Pomboncito se me aparece súbitamente!!!

Pomboncito se me aparece bajando volando por unas escaleras que terminan en el pasillo por el cual camino.

Él casi choca conmigo, amigos lectores. Yo me asusto y grito espantada:

—¡Ay, Pomboncito, me asustaste! Casi chocas tu cabeza contra la mía. Ten más cuidado, por favor.

Pomboncito me pide disculpas sinceras y luego se pone a hacerme señas demasiado extrañas y bastante agitadas, aunque eso sí: muy graciosas y divertidas.

—¿Qué quieres, Pomboncito? –le pregunto, y sigo–: Te aviso que si quieres jugar ahorita conmigo, no es el mejor momento, ¿eh? Ahorita no tengo tiempo. Estoy ocupada. Voy a la ceremonia de develación de las obras de Carlos. ¿No te das cuenta?
Pero Pomboncito parece que no me oye y que tampoco me hace caso. Él está más que feliz: está extasiado. Está suspendido frente a mí, flotando en el aire, agitando sus manitas, sus patitas y sus alitas muy alegre y rápidamente.

No sé qué le pasa a Pomboncito, pienso. Nunca lo había visto así. Algo le ocurre. Está muy alegre, muy contento, muy feliz. Bueno, hasta podría decirse que está casi en el éxtasis del amor.

De pronto, con gran preocupación y hasta con cierto temor, me doy cuenta de que Pomboncito tiene en su lomo y en sus patitas varias manchas de pintura fresca, de distintos colores.

Es entonces, justo en este momento, cuando pienso con más temor y preocupación en la pintura secreta que Carlos va develar dentro de unos minutos más.

Por un instante fugaz surge en mi imaginación la gran pintura secreta de Carlos toda... ¡¡¡estropeada, manchada con pintura fresca de diferentes colores!!!

En otras palabras: imagino la pintura secreta de Carlos, su gran obra maestra de arte, como un simple trapo grande lleno de manchas de pintura fresca, de todos los colores: roja, azul, negra, verde, blanca, rosa, amarilla, anaranjada, morada, café, etc. —¡Ay, Pomboncito! ¿Qué has hecho? ¿Por qué estás todo manchado de pintura, eh? -pregunto, cogiéndome con ambas manos mi cabeza, invadida por el miedo y el temor de que mi mascotita imaginaria haya hecho alguna travesura muy lamentable e irreparable.

Sin embargo, Pomboncito continúa muy feliz, como si yo no le hubiera preguntado nada.

—¡Pomboncito, respóndeme! Te hice una pregunta. ¿Qué has hecho? ¿Por qué tienes tantas manchas de pintura en tu cuerpo? Explícamelo -le exijo, mas él no me hace caso, sigue demasiado feliz y bastante risueño. Después de un momento, se va volando hacia el cielo, con rumbo desconocido.

Yo me quedo boquiabierta, congelada, parada, llena de miedo. Tengo el mal presentimiento de que algo malo va a suceder, amigos lectores.

Creo que ya no tengo tantas ganas de asistir a la ceremonia de develación de las dos obras artísticas de Carlos, pienso, invadida por la intranquilidad, el miedo y el temor a algo desconocido y malo.

Justo cuando estoy pensando en esto, en ya no asistir a la ceremonia de Carlos, escucho la voz de él detrás de mí, diciéndome desesperado, con voz precipitada:

—Esmeralda, ¿en dónde estabas? Te he estado buscando por todas partes. La ceremonia estaba programada para comenzar a las cuatro de la tarde. Pero yo, con lo distraído que soy, te dije que era a las cinco de la tarde. Me equivoqué. Lo siento mucho, Esmeralda. Perdón. Y debido a mi error, yo he tenido que esconderme para hacer tiempo y retrasar la ceremonia.

No quería hacer la develación de mi pintura y de mi escultura secretas sin tu presencia. Pero ahora, afortunadamente, ya te he encontrado. ¡Vayamos rápido! Todo mundo está esperando explica Carlos, desesperado y con la respiración un tanto agitada. A continuación me coge de la mano y me lleva con él, casi corriendo, hasta el lugar mismo de la ceremonia.

Descubro que hay una gran multitud de personas esperando a que inicie la ceremonia de develación de las dos obras artísticas y secretas de Carlos Soles. Cuando Carlos y yo llegamos al sitio en donde se encuentran reunidas todas las personas invitadas a la ceremonia de develación, me suelta de la mano y me deja parada junto a unas maestras -entre ellas, dos de mis compañeras de trabajo: Alejandra y Julieta, quienes están conversando y no me han visto llegar-, y junto a algunos otros invitados del CEPE y de la universidad. Enseguida Carlos hace una pausa, respira hondo y se recompone la ropa y el cabello. Se toma unos segundos más e intenta normalizar su respiración.

Luego, antes de marcharse al sitio de honor en el estrado, en donde ya lo aguardan el rector de la universidad y el director del CEPE, Carlos se me acerca y me susurra al oído en voz muy baja:

—Esmeralda, ya muy pronto vas a conocer mi secreto -me dice, y se retira rápido.

¿Tu secreto?, me pregunto, mientras miro y me percato de que hay varias cámaras de televisión colocadas allá, enfrente de mí. Todas están dispuestas y listas para filmar la ceremonia y transmitirla por la televisión como la principal noticia en los noticieros de la noche. Como no quiero aparecer en televisión, decido moverme e ir a pararme detrás de todas las cámaras de televisión.

¿Tu secreto?, vuelvo a repetirme y a recordar las últimas palabras de Carlos.

Entonces miro hacia sus dos obras artísticas secretas, las

cuales están cubiertas con enormes lienzos blancos e inmaculados, con el fin de que nadie pueda verlas.

No sé cuál sea tu "secreto", Carlos, pero la verdad es que estoy demasiado alterada y tengo miedo, pienso, y luego recuerdo con gran nerviosismo e intranquilidad las travesuras de Pomboncito. Y recuerdo a Pomboncito con... ¡oh, no!... ¡con su cuerpo manchado con pintura fresca de muchos colores!
¿Qué travesura has hecho, Pomboncito, para haberte manchado así, de la manera en como te vi?, me pregunto mentalmente. No me digas que has dañado la pintura "secreta" de...

Ya no termino la frase por el enorme temor de que mi mal presentimiento se convierta en una realidad sumamente desafortunada.

Mientras el rector de la universidad y el director del CEPE dicen sus breves y elogiosos discursos sobre Carlos Soles y su majestuoso e increíble trabajo artístico realizado en el CEPE; yo medito en todas las formas y posibilidades en cómo Pomboncito pudo haberse manchado de pintura fresca de colores. Lamentablemente, todas las conclusiones que imagino y a las que llego son siempre las mismas: desastrosas y malas.

Sólo deseo que Pomboncito no haya estropeado la pintura o escultura "secretas" que Carlos está a punto de develar, pienso, justo cuando escucho el aplauso de todo el público aquí reunido y veo a Carlos cogiendo una punta del enorme lienzo blanco que cubre su escultura secreta.

En el ambiente se hace un silencio absoluto. Todo el mundo está expectante del descubrimiento de la escultura. Todo el público tiene sus ojos puestos en la escultura secreta y tapada con el enorme lienzo blanco.

Por fin llega el momento del desvelo. Carlos anuncia y dice:

—Señoras y señores, he aquí mi escultura intitulada Mi Maestra de español –y después de decir esto, Carlos jala el lienzo y descubre su majestuosa y bella escultura, la cual tiene la pose y características de una bella maestra de español, dictando su clase.

Un mar de jubilosas exclamaciones de asombro y admiración surgen por todas partes. Todas las personas aquí presentes están admiradas y sorprendidas con la belleza, espectacularidad y maestría artística de la esplendorosa escultura.

En seguida, tras una breve pausa, por último llega el momento cumbre y más especial de la ceremonia: la develación de la misteriosa y afamada pintura secreta.

Carlos se mueve hacia el sitio en donde está su pintura secreta, cubierta con el lienzo blanco, y vuelve a anunciar y a decir:

—Señoras y señores, es un placer para mí que ahora todos ustedes puedan ver aquí mi mejor pintura, intitulada La Maestra de español y sus alumnos –y tras decir esto, Carlos tira del lienzo blanco para que su pintura secreta quede al descubierto.

Hay una expectación gigantesca en todo el público por conocer la mejor pintura del mundialmente famoso artista Carlos Soles.

En cuanto a mí, me asalta un mal presentimiento al recordar a Pomboncito con su cuerpo manchado con pintura fresca de múltiples colores. Tengo un enorme miedo de ver algo terriblemente malo, así que por eso mejor cierro mis ojos, amigos lectores.

No quiero ver qué has hecho Pomboncito, pienso, con los ojos cerrados, apretados y llenos de miedo.

El mal presentimiento se apodera de mí. Me siento más nerviosa y mis manos principian a temblar ligeramente.

Sin embargo, contra todo lo malo esperado por mí, una nueva oleada de exclamaciones de júbilo y admiración vuelven a brotar festivas y bulliciosas por todos lados. Todas las personas aquí reunidas quedan maravilladas con el colorido, belleza y maestría artística de la pintura secreta recién descubierta.

Se oye que el público exclama extasiado:
—¡Qué pintura! ¡Qué belleza!
—¡Qué increíble! ¡Esa pintura

es una absoluta y total obra maestra de arte! —¡Es usted un genio, maestro Carlos Soles! ¡Un verdadero genio! -grita bastante entusiasmado uno de los muchos críticos de arte que están aquí presentes, entre los invitados.

Es entonces cuando yo abro los ojos y veo, sorprendida y asombrada, la majestuosa pintura, recién descubierta, de Carlos. Es la imagen idealizada y sublime de una hermosa maestra de español para extranjeros en plena clase, rodeada por su grupo de alumnos venidos de todos los rincones del planeta, y envueltos todos, maestra y alumnos, en un mundo hecho con palabras bellas y coloridas, casi todas en español, pero también con varias más en otras lenguas distintas.

Al descubrir que la pintura secreta de Carlos no está dañada, respiro hondo y me digo con enorme alivio:
—¡Ay, Pomboncito, no sé en dónde estás, pero qué gran susto me has dado! Enseguida me sonrío, ya despreocupada. Y comienzo a sentirme más tranquila con cada segundo que pasa.

¿Pero entonces...?, pienso, ¿... en dónde y con qué pintura se manchó Pomboncito? La ceremonia se ha convertido ahora en una verdadera fiesta, sumamente alegre y divertida, después de la develación de las dos obras de arte secretas.

Carlos continúa allá, junto a la pintura y escultura recién develadas, posando feliz y gustoso con los invitados especiales, así como con todas las demás personas invitadas que desean tomarse una foto con él y sus obras artísticas.

Nadie del público presente quiere perderse la oportunidad de expresarle a Carlos Soles la gran admiración y respeto que sienten por él y por su magnífica obra. Por eso es que todos lo colman con abrazos fuertes, cariñosos y sinceros. Carlos hace lo propio, devolviendo a su público admirador, los mismos abrazos. Yo contemplo a Carlos desde el lugar a donde me moví: desde detrás de las cámaras de televisión. Estoy tranquila. Me siento muy contenta y orgullosa de él. No quiero interrumpirlo ni llamarlo. Deseo que Carlos disfrute por completo de su evento y de todo su público admirador. Yo saco mi teléfono celular de mi bolso y comienzo a tomarle algunas fotos desde el sitio en donde estoy parada.

De repente, comienzo a notar algo extraño alrededor mío: una a una, varias personas que se hallan cerca de mí, principian a mirarme y a observarme detenidamente, con una atención muy especial. Todas estas personas que me miran, me sonríen con afecto y cortesía, y una leve sonrisa surge en sus labios, cuando nuestras miradas se cruzan.
Conforme transcurre el tiempo, cada vez es mayor el número de personas que me observan con más y más atención y curiosidad. Todos empiezan a sonreírme y a mirarme con especial atención a los ojos y a los labios.

¿Qué me miran?, me pregunto intrigada. Estoy pensando esto, cuando un crítico de arte se me aproxima y, luego de saludarme y disculparse por sus palabras siguientes, me dice:

—Apuesto a que usted es maestra de español para extranjeros y trabaja aquí, ¿no es así, señorita?

—Sí, así es -respondo, un tanto desconcertada, sin saber cuál es el motivo de su pregunta.
—Lo sabía, lo sabía -afirma en forma enfática el crítico de arte, y continúa-: Tan pronto como escuché el rumor y me volví para mirarla, lo supe con certeza y sin lugar a dudas.

Tras hacer una pausa, el crítico de arte concluye de manera categórica:
—¡Usted fue su inspiración! ¡Usted es su musa!

Yo estoy anonadada, con la boca entreabierta por el desconcierto. No comprendo lo que el crítico me está diciendo.

Y antes de alejarse de mí, el crítico me dice:
—Maestra, es un gran honor y un verdadero placer conocerla. ¿Su nombre es...?
—Esmeralda, a sus órdenes, querido señor -apenas atino a decir, antes de que él se marche y se pierda entre el mundo de invitados.
Es entonces cuando escucho que una voz conocida me llama:

—¡Maestra Esmeralda, maestra Esmeralda! -viene llamándome casi con urgencia y desesperación, pero también con emoción, la maestra Alejandra, seguida de la maestra Julieta.

—¿Qué pasa, maestras? –les pregunto intrigada, en cuanto llegan a mí.

—Maestra Esmeralda, ¿ya se dio cuenta? –pregunta Alejandra.

—Sí, Esmeralda, ¿ya te fijaste? –pregunta Julieta. Yo no entiendo a qué se refieren.
—¿De qué hablan? –pregunto.

—De la pintura y de la escultura... de las maestras representadas en esas dos obras de arte... –dice Alejandra, apuntando con su dedo índice hacia las dos creaciones de arte de Carlos.

—Ambas maestras, de esas obras artísticas, tienen ojos y labios idénticos a los tuyos, Esmeralda. En general poseen muchos rasgos característicos muy parecidos a los tuyos -dice Julieta, sorprendida, emocionada, desconcertada.
—Sí, maestra Esmeralda. Esas dos maestras, la de la pintura y la de la escultura, se parecen mucho a usted. ¿No cree que eso es una gran coincidencia? -dice

Alejandra, todavía más sorprendida, emocionada y desconcertada que Julieta.
Entonces me vuelvo para mirar con atención y curiosidad la escultura primero, y posteriormente la pintura. Las observo detenidamente.

¡Es cierto! El crítico de arte y mis compañeras maestras tienen razón, pienso, y me quedo boquiabierta por el asombroso parecido que encuentro entre las dos representaciones artísticas y yo.

¡Oh, Carlos, Carlos! ¿Tanto me quieres? ¿Tanto significo para ti?, pienso, y esbozo una tierna y enamorada sonrisa.

¿Entonces, Carlos, éste era tu "secreto"? ¿Éste era el "secreto" que decías que tenías y que querías contarme? ¿Tu "secreto" era que me pintaste en una pintura y me esculpiste en una escultura? ¿Es así, Carlos?..., estoy pensando en ello, cuando veo que Carlos está despidiéndose y agradeciendo la atención y asistencia de todo el público.

Un fuerte aplauso pone el punto final a la ceremonia de develación y convierte el evento en una fiesta absoluta y total.

Alejandra, Julieta y yo observamos cómo Carlos viene aproximándose con paso rápido y directo hacia nosotras tres.

—Carlos Soles viene hacia acá -dice Alejandra, emocionada, pero con la voz debilitada por la incredulidad y la sorpresa.

—Sí, Carlos Soles viene hacia nosotras -dice Julieta, muy emocionada, y aún más incrédula y sorprendida que Alejandra.

Tan pronto como Carlos llega, dice, disculpándose caballerosamente y haciendo una ligera venia:

—¡Buenas tardes, señoritas maestras! Si me lo permiten y me excusan, me llevo ahora mismo a esta hermosa dama -y diciendo esto Carlos, me coge de una mano y me lleva con él hasta el estacionamiento del CEPE, en donde tiene su auto.
Alejandra y Julieta casi se desmayan de la emoción al ver y escuchar de tan cerca a Carlos Soles. Ambas quedan boquiabiertas, sorprendidas y asombradas por lo que acaban de presenciar.
Luego de desaparecer del lugar Carlos y yo, Alejandra y Julieta vuelven sus miradas hacia la escultura y la pintura que todo mundo está admirando, y juzgando ya, como hermosas e invaluables obras maestras de arte.

Carlos y yo salimos del CEPE a bordo de su auto y con rumbo desconocido para mí, pues él no me quiere decir el lugar preciso hacia donde nos dirigimos.

—Es una sorpresa, Esmeralda -me dice, sonriéndome tierna y cariñosamente.

19

En el parque con mi novio

Carlos y yo llegamos a un parque pequeño, pero muy lindo y romántico, amigos lectores.

Es un parque con muchos árboles antiguos y con hermosos paseos empedrados y sinuosos. Hay bancas de hierro, pintadas de blanco, dispuestas a una distancia de unos veinte metros una de la otra.
El parque está, en estos momentos, un poco solitario. No hay más que parejas de enamorados caminando y paseando por el parque. Y también hay alguna que otra pareja tendida en el césped, junto al pie y en la sombra de algún árbol grueso y antiguo.

Los pájaros están regresando a sus nidos. Su canto sonoro es una melodía de amor que acompaña a todas las parejas de enamorados que andan paseando por el parque.

La tarde está yéndose, despidiéndose tranquila y lentamente con cada rayo de luz que se apaga, uno tras otro. En unos minutos el manto oscuro de la noche romántica va a tenderse sobre todo el parque y sobre todas las parejas de enamorados que se disfrutan en él. La luna incipiente y amorosa comienza a dar indicios de que esta noche habrá, en el cielo estrellado, un astro particularmente increíble: lucirá redondo, brillante y extremadamente hermoso.

En el aire del parque se respira todo el amor, la felicidad y la dicha que emanan de todas las parejas de enamorados que se pasean por entre los árboles, por los senderos empedrados y sinuosos, y por entre las flores y las fuentes de aguas susurrantes.

Yo estoy en este parque con Carlos por primera vez, amigos lectores, pero me siento tan bien y tan a gusto, que es como si yo ya hubiera estado aquí antes, muchas veces. Siento que conozco cada rincón del parque, y no es así. Por alguna razón, me siento sumamente feliz, segura, dichosa.

Carlos me invita a caminar por el parque y yo acepto. Tomamos el sendero empedrado que nace justo frente a nosotros. Nos internamos en el parque, caminando juntos, muy juntos y despacio. Andamos por el sendero con lentitud y sosiego, sin ninguna prisa. Vamos uno a lado del otro, platicando, riendo, charlando, casi rozándonos hombro con hombro.

En nuestro andar, nos cruzamos con otras parejas de enamorados que de cuando en cuando se detienen para darse un abrazo o un beso, o simplemente para mirarse a los ojos y decirse con la mirada y el silencio lo mucho que se aman.

Carlos y yo alargamos nuestro paseo por el parque romántico. La felicidad y la dicha que experimento nunca antes las había sentido así, con tal intensidad. Todas estas emociones son como nuevas para mí.

Carlos se decide y me toma de la mano mientras continuamos caminando. De vez en vez nos paramos para reírnos de algo divertido que nos contamos, o nadamás para admirar la belleza de alguna flor primorosa y colorida, o para asombrarnos risueños con la gracia y agilidad de las ardillas que saltan por entre los árboles.

Carlos se me aproxima cada vez más y, cuando hacemos una parada momentánea al lado de un bello rosedal rojo, por fin él aprovecha y se arma de valor; y en seguida me confiesa al oído con su voz varonil, pero en una forma delicada y suave:

—Esmeralda, te amo. Yo estoy enamorado de ti. Yo ya no puedo estar ni vivir sin ti. Tú eres toda mi vida. Siempre estoy pensando en ti.
Yo me siento extremadamente emocionada. Siento que la tierra se me mueve bajo los pies y que mis piernas y mis manos me tiemblan. Siento que mi respiración se me agita por la emoción y que mis ojos se me nublan con lágrimas de un sentimiento supremamente amoroso. Siento que mis labios me tiemblan de ganas por besar otra boca.

Veo que Carlos se inclina y se acerca muy lentamente para buscar mi boca... para buscar un beso. Yo cierro los ojos y me dejo ir en esta sublime sensación de placer que se apodera de mí. Mis labios tiemblan, se entreabren y se alzan despacio, en busca de un beso.
Carlos y yo nos besamos, nos abrazamos, nos acariciamos, nos apretamos el uno contra el otro mientras dura y se prolonga el beso amoroso e infinito.
—Esmeralda, ¿quieres ser mi novia? –me pide Carlos, con voz

amorosa, labios temblorosos y mirada perdidamente enamorada.
—Sí. Por supuesto que sí, Carlos –respondo yo, volviendo a cerrar mis ojos y a alzar mis labios entreabiertos en busca de un nuevo beso más intenso y prolongado.

Nos volvemos a besar, pero ahora con más pasión e intensidad. Nos abrazamos, nos acariciamos, nos tocamos uno al otro nuestros brazos, nuestras espaldas, nuestras cabezas, nuestros hombros…

Carlos entonces comienza a llamarme Princesa Esmeralda, cariñosa y amorosamente; y ya no Bebé, como lo hacía antes. Me dice:
—Esmeralda, tú eres ahora mi princesa. Tú eres para mí: mi Princesa Esmeralda.

Yo me dejo consentir y mimar. Me regodeo entre sus brazos y con sus innumerables besos de amor.

Al cabo de un rato, justo cuando terminamos de darnos uno de tantos besos más, apasionado y casi infinito, reanudamos nuestro camino por el parque. Pero ahora ya andamos abrazados, con nuestras cabezas juntadas y nuestros cuerpos pegados. Andamos por el parque como andan todas las parejas de novios del mundo: fundidos en un solo y único ser.

¡¡¡Somos novios!!!, pienso feliz, dichosa, sintiéndome la mujer más afortunada del mundo.
Entonces Carlos me dice, un instante después:
—Princesa Esmeralda, ¡ya somos novios!, y por eso me siento el hombre más afortunado del mundo –y tras hablar, Carlos me regala otro beso en mis labios entreabiertos y temblorosos.

Suspiro muy hondo y feliz. Imagino que voy a vivir un amor único… de ensueño… ¡de princesa! Sueño en las cosas más amorosas y lindas del mundo. Imagino que todo lo mejor va a ocurrir en mi noviazgo con Carlos.

Luego de varios besos intensos y llenos de amor apasionado, Carlos y yo nos sentimos tan alegres como niños. Nos ponemos a andar por el césped y a jugar en él: brincamos, jugueteamos, nos correteamos, nos tumbamos uno al otro y nos recostamos sobre el pasto. Y tendidos sobre el pasto, nos volvemos a abrazar y volvemos a besarnos como si fuera la primera vez que lo hiciéramos.

A continuación nos ponemos de pie y empezamos a jugar como enamorados que estamos: nos perseguimos… nos reímos… nos besamos… nos decimos cositas de amor al oído… y nos besamos otra vez.

Posteriormente nos sentamos en una banca. Yo me recuesto sobre su pecho y sus piernas. Carlos me abraza y me recita un poema de amor. Yo le canto una canción romántica. Después él, con la punta de un dedo y sobre la piel de mi cuello, me escribe invisiblemente:

Te amo.
De este modo: besándonos, abrazándonos y acariciándonos, pasamos el tiempo hasta que nos da hambre y nos entran las ganas de cenar.

Carlos y yo abandonamos el parque, subimos a su auto y emprendemos el camino con dirección a un restaurante-bar romántico y moderno, ubicado en la zona más bella de la Ciudad de México.

20

A la hora de la comida en el restaurante

Carlos y yo llegamos al restaurante, amigos lectores. Aunque a decir verdad, en realidad es un restaurante-bar con música en vivo.

El restaurante bar se llama Ensueño. Es muy lujoso y grande. El restaurante está ubicado en un salón rectangular sumamente amplio y con techos bastante altos. Mientras que el bar se encuentra en el precioso y enorme jardín que se ubica en el fondo de la propiedad.

El restaurante está decorado con un bello estilo romántico y moderno, con luces cálidas y tenues, y en el centro de cada mesa -vestida con manteles de dos colores- hay una pequeña vela encendida con alegre llama dorada y saltarina.

La música en vivo consiste en un espléndido mariachi, conformado por un conjunto de doce músicos mariachis: todos elegantemente vestidos y con gran porte varonil. Todos los mariachis son apuestos y lucen muy hombres, muy machos.

Las miradas ilusionadas de algunas mujeres parecen estar atadas al mariachi cantante principal, pues resulta ser un hombre demasiado apuesto, muy guapo y varonil, pero sobretodo luce tan macho como ninguno otro.
Carlos y yo nos paramos ante el atril de la huésped del restaurante, una mujer joven y linda, quien nos recibe con una sonrisa amable y cortesía refinada. Luego de saludarnos, nos pregunta en dónde deseamos sentarnos.
Carlos me hace una seña para que yo escoja el lugar de nuestra mesa. Así que, sin más, la pido:

—Por favor, deseamos una mesa en el restaurante, pero pegada a un ventanal del bar y cerca de la pista de baile. Quiero mirar el precioso jardín y a la gente que baila.
—Claro que sí, señorita -responde la huésped del restaurante,

ataviada con un vestido elegante y entallado, como si su cuerpo fuera un regalo envuelto en tela fina y brillante–. Síganme, por favor. Yo los llevaré a su mesa.

Transcurridos unos momentos, y ya sentados Carlos y yo en nuestra mesa, el mesero viene y nos entrega las cartas del menú con delicada amabilidad.

Yo busco la sección de carnes del menú y encuentro rápido lo que se me antoja: un corte de carne de res asado al carbón y con guarnición de verduras y queso. De la sección de bebidas, elijo una cerveza clara, servida en tarro frío.

Carlos ordena la misma comida y bebida que yo, pero nadamás solicita que su cerveza sea oscura, y no clara como la mía.

El mesero toma la orden y enseguida se marcha presuroso a traer nuestro pedido. Entretanto, Carlos y yo platicamos, nos besamos, nos miramos y nos contemplamos, nos reímos, nos besamos, charlamos, nos acariciamos, sonreímos y nos besamos, y así seguimos hasta que nos traen nuestra cena exquisita.

Mientras cenamos y platicamos, de vez en cuando paseo mi vista por el restaurante y el jardín. En ocasiones me detengo en alguna que otra pareja de enamorados que se encuentra cenando en su mesa, o bailando muy juntos en la pista de baile al ritmo de la música romántica del mariachi.

21

En el bar con mi novio

Después de media hora, amigos lectores, Carlos y yo terminamos la cena. Es entonces cuando me propone un brindis por el amor entre nosotros dos.
—Brindo por ti, Princesa Esmeralda; y brindo también por mí y por que nuestro amor, que hoy inicia, dure por siglos y milenios -dice Carlos, sonriendo y alzando su tarro con cerveza.

—Que así sea, Carlos -digo yo, levantando mi cerveza para brindar con él.
Con posterioridad al brindis, nos levantamos de la mesa, pues Carlos me pide que vayamos al jardín a bailar un par de canciones, antes de que nos marchemos del restaurante. Yo accedo encantada, sintiéndome más enamorada que nunca en mi vida.

Bailamos abrazados y con los cuerpos pegados uno contra el otro; y también nos besamos a cada momento, y nos miramos con ojos rebosantes de amor todo el tiempo.

—Te amo, Princesa Esmeralda -me susurra Carlos al oído, una y otra y otra vez. Yo, por mi parte, hago lo mismo; le digo a cada momento:
—Te amo, Carlos.
Después de bailar, regresamos a nuestra mesa y Carlos solicita la cuenta de la cena y la paga.

Un par de minutos más tarde, ambos salimos del restaurante Ensueño, pero más enamorados que como entramos. Un valet nos trae el auto del estacionamiento hasta la puerta del restaurante. El valet me abre la puerta para que yo me suba al auto y lo hago. Carlos también se sube al auto y, luego de darnos un par de besos, nos marchamos con rumbo a mi casa.

Carlos bromea y se ríe cuando me dice que no quisiera llevarme a mi casa, sino a la suya. Y yo le digo que yo tampoco quisiera ir a mi casa, pero tampoco quisiera ir a la suya.

—Yo mejor quisiera que ambos fuéramos a nuestro palacio -le digo a Carlos, guiñándole divertida y cómplicemente un ojo.

–Tienes toooda la razón, Princesa Esmeralda –afirma él, y remata suspirando, soñando, maginando un mundo nuevo de amor e ilusiones–: ¡Debemos pensar en nuestro palacio!

Yo simplemente sonrío feliz.

22

En la casa en la noche

Carlos me lleva en su auto hasta mi casa.

Cuando llegamos, él se baja del vehículo y me abre caballerosamente la puerta del auto para que yo baje. Acepto su mano extendida y salgo del carro.

Parados en la banqueta, nos tomamos unos momentos más para consentirnos y mimarnos, antes del momento último de la despedida. Luego de decirnos que nos amamos mucho y de besarnos varias veces más, me separo contenta de él. Camino por la banqueta hacia mi casa.

Me dirijo a la reja de la puerta de mi casa y la abro con mi llave. Atravieso la puerta de la reja y, antes de irme hacia la puerta de entrada a la casa, volteo a ver a Carlos, quien va subiendo a su auto. Le hago una seña de despedida con la mano, al tiempo que con mis labios le mando un beso volado.
Carlos, ya sentado al volante del auto y con el motor encendido, antes de irse, me grita contento, jubiloso, muy enamorado:

—¡¡¡Princesa Esmeralda, te amo!!!

A continuación el carro arranca y se aleja: se pierde a lo lejos, por la avenida. Finalmente desaparece.

Yo abro con mi llave la puerta de mi casa y entro. Luego cierro la puerta con llave y seguro. Me dirijo hacia la sala, en donde encuentro a toda mi familia: mis papás y mi hermano están sentados cómodamente en un sillón, viendo las noticias en la televisión.

—¡Hola a todos, familia! Ya llegué a casa. Tengo una gran noticia que darles –saludo contenta y anuncio mi llegada, aproximándome a ellos.

—Hola, hija –me saluda mi papi, dándome un beso en la mejilla.
—Hola, Esmeralda –me saluda mi mami, con otro beso en la mejilla.
—Hola, hermanita –me saluda mi hermano, con un beso más en la mejilla. Mi hermano Daniel, además de estar viendo la televisión, está hablando por teléfono con alguien.

Mi mamá me avisa que esta noche no tiene ganas de cocinar, así que por eso no va a hacer nada para cenar.

–Vamos a encargar algunas quesadillas, gorditas, sopes y pambazos para cenar, Esmeralda -me explica mi mamá–. Tú hermano está haciendo el pedido de fritangas ahora mismo. ¿Qué quieres que te traigan a ti para cenar?

Yo, amigos lectores, aunque en realidad no tengo nada de hambre porque ya cené con Carlos, decido pedir solamente una quesadilla de papa con queso y un sope sencillo.

Sé que apenas si voy a probar las dos fritangas que pido para cenar, pienso, pero quiero estar y acompañar a mi familia durante la cena. Quiero platicar con ellos y darles la gran noticia de que ya tengo novio.

Mi hermano me escucha y solicita que añadan mi pedido a la orden.

—Listo -avisa Daniel, colgando el teléfono–. Dice doña Mary que en quince minutos nos manda el pedido.

—Está bien —le dice mi mamá a mi hermano. Luego se dirige a mí–: Y tú, hija, ve al estudio a dejar tus cosas y sube a tu cuarto a cambiarte. Ya todos estamos empiyamados: así vamos a cenar. Hoy es una noche muy especial, pues tu hermano te va a dar una gran noticia durante la cena. A tu papá y a mí ya nos la dio -termina mi mamá, y me guiña el ojo cómplicemente.

Veo a Daniel, quien, muy sonriente, reafirma las palabras de mi mamá. Luego se vuelve para mirar la televisión, cuando mi papá habla:

—Un momento de silencio, por favor. ¡Miren! ¡Escuchen! El mundialmente famoso artista, pintor y escultor Carlos Soles, presentó hoy su obra artística más reciente en el Centro de Enseñanza para Extranjeros, en la Universidad Nacional Autónoma de México.

Al instante, toda mi familia dirige su atención a la televisión, en donde están pasando la gran noticia del año sobre el arte: la presentación del trabajo artístico más reciente de Carlos Soles.

Veo las imágenes del noticiero en la televisión. Me doy cuenta de que afortunadamente yo no voy a salir en las noticias, pues recuerdo que me cambié de lugar y me fui a colocar detrás de los camarógrafos de la televisión.

—¿Hermanita, tú estuviste presente en ese gran evento? -me pregunta Daniel, curioso, y añade–: Fue en el CEPE, en el lugar en donde trabajas.

—Por supuesto que estuvo allí -sentencia mi papá, muy seguro–. Tu hermana no se perdería un evento artístico de tal importancia por nada del mundo. ¿No es así, hija? —Sí, así es, papi -respondo, y aviso que voy a retirarme para terminar de llegar.
—Adelante, hija. Anda -me dice mi mamá.

Yo estoy abandonando la sala, cuando escucho que mi papá dice emocionado, cuando termina la noticia sobre el trabajo artístico de Carlos:

—¡Ese hombre, Carlos Soles, es un gran artista! ¡Es un verdadero genio! -y tras expresar esto, mi papá dice, en voz más baja y casi como para sí mismo–:

¡Qué no diera yo por saludar de mano, aunque sólo fuera una vez en la vida, a un genio como él!

Y mi mamá añade, para apoyar el comentario de mi papá:

—¡Qué afortunada va a ser la mujer que se case con ese gran artista, Carlos Soles!

Yo entro en el estudio, prendo la luz de la habitación y dejo mis cosas sobre mi escritorio de trabajo. Luego apago la luz y salgo del estudio. Subo por las escaleras hasta mi recámara, ubicada en el primer piso, en el fondo y del lado izquierdo.

Entro en mi recámara y prendo la luz. Camino. Dejo mi bolso de mano sobre mi tocador.

Saco mi teléfono celular para revisarlo. Entonces, amigos lectores, me doy cuenta de que tengo dos llamadas perdidas de Carlos. Me da mucha alegría saber que él me ha llamado ya un par de veces.

De inmediato le marco, pero no obtengo respuesta alguna. Vuelvo a marcarle otra vez. Y otra vez: nada. Obtengo el mismo resultado: el teléfono no llama ni suena ocupado. Seguramente se le habrá acabado la pila al teléfono de Carlos, me digo. Recibió hoy muchas llamadas de todo el mundo con motivo de la develación de su obra. Lo llamaré más tarde.

Dejo el teléfono sobre mi bolso, encima del tocador. A continuación ando al clóset. Saco mi piyama de color rosa, con figuritas, y la arrojo sobre mi cama. Enseguida me quito el vestido blanco y mis zapatillas blancas.

Me desnudo por completo, luego me pongo una bata y ando hacia el baño. Entro en el baño para darme un baño de regadera rápido. No me mojo el cabello porque me lo cubro con una gorra de baño. Salgo del baño y paso a mi recámara para vestirme y ponerme mi piyama de color rosa con figuras de dragoncitos.

A propósito, pienso, ¿en dónde estará Pomboncito? Es muy extraño que se haya ausentado tanto tiempo el día de hoy. Siempre anda conmigo, acompañándome a todas partes, pero hoy...

En esto estoy, cuando escucho que Daniel toca a la puerta de mi cuarto. Me avisa que ya está la mesa puesta y todo listo para cenar.

—Ya baja, hermanita. No te tardes –me dice él, desde el otro lado de la puerta. —Sí, ya voy. Decidí echarme un regaderazo rápido, y ya terminé. Ahora mismo estoy terminando de vestirme. Nadamás me pongo mi piyama y bajo, Daniel – explico.

—De acuerdo. No tardes –dice. Escucho que se marcha.

Yo me apuro a vestirme y a cepillar rápido mi cabello. Cepillo mi cabello unas cuantas veces, solamente lo suficiente para peinarlo y que no se me enrede, pues al fin y al cabo lo tengo seco. Hecho esto, amigos lectores, camino y voy a pararme junto a la ventana abierta. Miro hacia el cielo. Distingo pocas estrellas, pero varias de ellas brillan bastante. La luna está redonda y plateada: ilumina todo el cielo de la noche. Respiro hondo y luego suspiro. Suelto un suspiro muy hondo y largo. Me siento muy enamorada. Estoy recordando a Carlos y algunas palabras que me dijo:

—Fue amor a primera vista, Esmeralda. Apenas te vi, me enamoré de ti.

—Esmeralda, ¿quieres ser mi novia?

—Esmeralda, tú eres mi princesa. Tú eres para mí: mi Princesa Esmeralda.

—Brindo por ti, Princesa Esmeralda; y brindo también por mí y por que nuestro amor, que hoy inicia, dure por siglos y milenios.

—Te amo, Princesa Esmeralda.

Escapo de mis pensamientos amorosos, al recordar que mi familia me espera para cenar juntos.

Me dispongo a cerrar la ventana, pero en el último momento la dejo abierta, para que Pomboncito pueda entrar cuando llegue.

No debe tardar en llegar, pienso.

Salgo de mi habitación y ando por el pasillo con dirección a las escaleras. Bajo las escaleras aprisa, pero con cuidado, y me dirijo hacia el comedor.

Mis papás y mi hermano ya están sentados a la mesa. La cena, conformada por el pedido de deliciosas fritangas de doña Mary, ya está servida.

Voy hacia mi lugar en la mesa y lo ocupo. Me siento en la silla y comienzo a cenar en compañía de mi familia.

Mientras cenamos, Daniel me dice que me quiere dar la gran noticia que ya les contó a mis papás hace un rato, durante la tarde.

—¿Cuál es esa gran noticia, Daniel? –pregunto, llena de curiosidad por las miradas cómplices y las sonrisas discretas de mis padres.

Daniel, después de tomar mucho aire e hinchar su pecho con mucho orgullo, me anuncia gustoso, sonriendo:

—¡Ya tengo novia! ¡Ya tengo novia, hermanita! Mi novia es Mónica, la chica más hermosa del gimnasio. Tú ya la conoces.

Yo asiento con la cabeza y lo felicito con sinceridad y cariño.
—Me da mucho gusto, Daniel.

Deseo que tengan un noviazgo muy bonito y feliz –le digo. Entonces interviene mi mamá, y me pregunta:

–Y tú, Esmeralda, cuando llegaste, dijiste que tenías una gran noticia qué darnos. ¿Cuál es esa gran noticia, eh?

–Sí, es cierto. A ver, anda, cuéntanosla, hija –me pide mi papá.

–Luego les cuento –digo; y miento–: No es nada importante. Otro día ya les contaré.

Enseguida cojo mi vaso con refresco y lo levanto para brindar. Solicito que todos hagamos un brindis por el noviazgo de Daniel y su novia. Así lo hacemos todos: los cuatro levantamos nuestro vaso con refresco y brindamos. Con posterioridad al brindis, todos continuamos cenando alegremente, conversando en familia de mil cosas distintas y divertidas.

Terminada la cena, me levanto de la mesa y me retiro al estudio. Me hermano Daniel avisa que se va a encargar de levantar la mesa, lavar los trastes sucios y recoger la cocina.

–¡Vaya! Lo que hace el amor, hermanito –le digo a Daniel, sonriendo pícaramente.

Enseguida le doy un beso en la mejilla, en agradecimiento por su buena disposición para encargarse de recoger el comedor y dejar ordenada y limpia la cocina.

Yo aviso que me retiro al estudio, para trabajar un rato en la computadora.

23

En el cuarto de estudio

Voy al estudio. Abro la puerta y enciendo la luz. Entro en el estudio y voy a sentarme a mi escritorio de trabajo. Prendo la computadora para revisar mi correo electrónico y algunos otros pendientes de trabajo que tengo.

Amigos lectores, voy a ponerme a trabajar en la computadora un rato. Hago mi trabajo en silencio y aprisa.
Estudio un informe sobre la situación actual del español en el mundo. Lo leo con atención.

Cuando finalizo la lectura del informe, enseguida me pongo a escribir un resumen acerca del mismo.

Creo un nuevo documento para escribir en él el resumen del informe. Abro el documento nuevo. Escribo en la computadora, usando el teclado y el mouse. Escribo palabras, frases, oraciones y párrafos. Reviso el texto. Miro en la pantalla de la computadora el texto que escribo y lo edito en repetidas ocasiones. Borro algunas palabras y otras las cambio. Remplazo un párrafo largo por otro corto. Subrayo una oración importante. Resalto en verde el título del resumen del informe. El subtítulo lo pongo en negritas, pero en color rojo. Muevo de lugar un párrafo grande. Pego una foto y dos ilustraciones en la página tres del documento. También diseño un diagrama de flujo y lo pego en la quinta hoja del documento. Guardo todos los cambios y modificaciones del resumen del informe. Lo reviso y lo vuelvo a editar una vez más para que todo quede correctamente. Por último, amigos lectores, termino el informe y cierro el documento; lo salvo y lo archivo en una carpeta de tareas del trabajo. Salgo del programa procesador de textos.

Vuelvo a conectarme a internet. Entro a internet para revisar mi cuenta y mi correo. Tecleo el nombre de mi correo e introduzco la contraseña de mi cuenta para tener acceso. Leo mis correos personales. Elimino los correos de publicidad. Borro un par de fotos de una carpeta. Escribo una carta de felicitaciones para una amiga que va a cumplir años mañana. Acabo la carta y se la envío por correo a mi amiga.

Ahora que he terminado de hacer todos mis asuntos pendientes, decido relajarme y entretenerme un rato. Decido ver el nuevo video de mi cantante favorito. Entro en la sección de videos del internet y busco el nuevo video de mi cantante favorito. Lo encuentro y lo pongo. El video comienza a reproducirse. Lo paro para leer el título de la canción. Después aprieto la tecla de continuar para que el video siga reproduciéndose. Veo el video y escucho la canción. Subo el volumen del video. Es una canción muy romántica.

Cuando el video termina, le bajo el volumen a la computadora y cierro la sección de videos del internet. Enseguida me entran ganas de jugar en la computadora. Deseo jugar una partida rápida de ajedrez. Abro el juego de ajedrez e inicio a jugar contra la computadora. Debo reconocer que no soy muy buena para el ajedrez, pienso, graciosa. La computadora siempre me gana, y me gana rápido. Sonrío y cierro el juego de la computadora. En la pantalla me aparece una invitación para jugar otro juego. Rechazo la invitación.

Ya quiero dejar la computadora, pero antes debo imprimir el resumen del informe que hice. Prendo la impresora y mando a imprimir el resumen. Imprimo el documento a blanco y negro, pero también lo imprimo a color. Después fotocopio el resumen y hago dos copias adicionales de él. Finalmente, amigos lectores, termino todo lo que tenía que hacer en la computadora, así que la apago y la dejo.

Del escritorio me paso a un sillón reclinable y me siento en él. Me acomodo en el sillón. Cojo una novela romántica. La leo un rato. Disfruto mucho la lectura de la novela. Releo los pasajes del libro que me gustan mucho. Memorizo algunas frases. Al cabo de unos minutos, termino la lectura de un capítulo más de la novela.

A continuación me paro del sillón. Camino. Apago la luz del estudio y me marcho de la habitación. Comienzo a andar para ir a la sala, en donde se encuentra reunida toda mi familia.

24

En la sala de la casa

Toda mi familia está en la sala de la casa.

Mi papá está sentado, leyendo un libro sobre finanzas. Y mi mamá, quien está recostada sobre las piernas de mi papá, tiene los audífonos puestos y está escuchando música. Mi hermano está ocupado con su teléfono. Lo está usando para enviar mensajes y fotografías a su nueva novia.

El teléfono de la casa suena. Me paro para contestar el teléfono. Resulta ser una llamada equivocada. Regreso al sillón a sentarme junto a mis papás. Mi papá me pregunta por las novedades de mi trabajo. Le digo que no hay ninguna importante que deba contarle. Pero por un momento, amigos lectores, me entran ganas de contarle todo lo personal que me ha sucedido hoy con Carlos. Sin embargo, me aguanto las ganas y decido contar toda mi historia del nuevo noviazgo en otra ocasión. Esta noche, veo que Daniel está muy emocionado mientras habla por teléfono con su nueva novia. Platico con mi papá de otras cosas. Charlamos, conversamos de mil cosas sin importancia, pero interesantes y divertidas. Juego un rato con mi papá. Le hago cosquillas en las costillas y él me hace cosquillas a mí en el cuello. Nos reímos y nos divertimos mucho.

Al cabo de un rato, mi papá bosteza y dice que ya tiene sueño. Yo miro la hora en el reloj de pared de la sala. Son casi las once de la noche.
—Es hora de irse a dormir, familia -anuncia mi papá, levantándose del sillón para subir a su recámara. Mi mamá lo acompaña y se van jugando: suben riéndose y bailando a su recámara. Mi hermano y yo cruzamos miradas divertidas y fraternales.
Mi hermano sigue a mis papás y yo voy al último, detrás de todos ellos, apagando las luces de la casa.
Todos nos despedimos -con un beso en la mejilla y un abrazo fuerte- en el pasillo, antes de entrar y encerrarnos a dormir en nuestras recámaras.
—Buenas noches, papi. Buenas noches, mami. Buenas noches, hermano -digo, al despedirme y antes de meterme a dormir a mi habitación.

25

En la recámara en la noche

Entro en mi recámara, prendo la luz y cierro la puerta. Yo nunca cierro la puerta con seguro; ni tampoco mis papás; pero Daniel sí, siempre lo hace.

Me dirijo hacia la ventana. Cierro la ventana y también cierro las cortinas. De pronto me acuerdo, con gran asombro, que Pomboncito todavía no ha llegado a la casa.

¿En dónde estarás, Pomboncito? Ya es muy noche y no estás aquí en casa, pienso, ya un poco preocupada.

Miro por la ventana hacia el cielo nocturno iluminado por la gran luna redonda y brillante.

No distingo a Pomboncito por ningún lado, concluyo, tras repasar el amplio cielo y los techos de los edificios en donde a veces acostumbra pararse.
No debe tardar en llegar, me digo confiada.

Voy hacia la cómoda y saco mi blusón para dormir. No quiero dormir con piyama. Me quito la piyama y me pongo mi blusón para dormir. Enseguida, amigos lectores, voy al baño y me lavo las manos. También me cepillo los dientes. Como me bañé hace un rato, afortunadamente ahora ya no tengo que desmaquillarme. Sólo cepillo un poco mi cabello para asegurarme de que no se me enrede al dormir. Salgo del baño y me dirijo al tocador. Cojo mi teléfono. Descubro que tengo varias llamadas perdidas de Carlos.

Me voy a mi cama con el teléfono en mano. Me subo a mi cama y me acuesto. Me tapo con una sábana ligera, pues no tengo frío, sino por el contrario: tengo un poco de calor.
Veo la hora en el despertador del buró.
Afortunadamente mañana es sábado y no trabajo. ¡Voy a tener todo el

día para salir y estar con Carlos!, pienso.

Desbloqueo mi teléfono para marcarle a Carlos. Y justamente estoy a punto de marcar su número telefónico, cuando su llamada entra a mi teléfono.

Contesto la llamada de Carlos y me explica que no pudo responder mis llamadas de hace rato porque se le había terminado la pila a su aparato. Después me cuenta que intentó hablar conmigo y que me llamó varias veces.
Yo le explico que cuando yo llego a casa, por costumbre siempre dejo mi teléfono en mi recámara, y que bajo a cenar y a convivir con mi familia sin el aparato.

Él me entiende y se alegra de que por fin podamos comunicarnos y hablar otra vez. Carlos me pide permiso para cortar esta llamada telefónica y hacerme, en su lugar, una videollamada.

—Me muero de ganas por verte de nuevo, Esmeralda -argumenta, risueño y amoroso.

—Está bien -le digo, y le aviso que voy a colgar para hacerle una videollamada.

Entonces yo, amigos lectores, termino la llamada telefónica y realizo la videollamada. Unos instantes después, la imagen de Carlos aparece en la pantalla de mi teléfono y mi imagen aparece en el suyo.

Carlos comienza a halagarme y a decirme mil veces y de mil modos distintos que soy muy hermosa y que soy su princesa.

Yo estoy muy feliz y sonriente con él. Me siento muy enamorada también.
Luego de platicar durante algunos minutos, y antes de despedirnos para dormir, veo en la pantalla de mi teléfono a Carlos, quien me dice con gesto ligeramente preocupado, pero al mismo tiempo divertido:

—Esmeralda, esta tarde olvidé decirte mi gran secreto -me confiesa él, apenado y divertido.

¿Tu secreto, Carlos?, me pregunto mentalmente. ¿Pues qué tu secreto no era que tú te inspiraste en mí para crear tus dos nuevas obras de arte que hoy develaste en el CEPE?

—Te voy a contar y a revelar mi secreto, Esmeralda -me dice él, sonriendo un poco nervioso, mientras reúne el valor necesario para hacerlo.

—Pues a ver, dímelo, Carlos -digo, sonriendo y animando con un guiño de ojo para que él se sienta más a gusto y confiado conmigo.

—Pues mi secreto es...

—...

—Mi gran secreto es...

—¡Dímelo ya, Carlos! Me vas a poner nerviosa a mí también -le digo, riendo y apurándolo para que hable ya.

—De acuerdo. No me lo vas a creer, Esmeralda, pero yo... –dice, más nervioso y más risueño que nunca.

Respira hondo, intenta calmarse, se arma de valor y finalmente dice:

—¡Yo tengo una mascota imaginaria... y se llama Pomboncita!
Yo me quedo muda, sorprendida y boquiabierta. Casi no puedo creer lo que Carlos me acaba de revelar.

En este mismo instante, por la ventana de mi recámara va llegando Pomboncito. Pero Pomboncito no viene y entra solo, sino que viene y entra acompañado por...

—¿Pomboncita? –musito, incrédula, al ver a la bella compañera de Pomboncito.

—Te dije que no me ibas a creer, Esmeralda –dice Carlos, apenado, por creer que yo no creo en la existencia de su mascota imaginaria.
Yo me río felizmente.

Enseguida le digo a Carlos, apuntando con la cámara de mi teléfono a la pequeña pareja de dragoncitos imaginarios que están flotando sonrientes y enamorados sobre mi cama:

—Mira, Carlos, quiénes están aquí conmigo, en mi cuarto.

Él se sorprende muchísimo al ver a las dos mascotas imaginarias que lo saludan con señas. ¡Carlos casi no puede creer lo que ve en la pantalla del teléfono!

—¿O sea que tú, Esmeralda, también tienes una mascota imaginaria?

—Sí –respondo, riendo alegre–. Y mi mascota imaginaria se llama Pomboncito. Entonces Carlos y yo, y los dos Pomboncitos, nos reímos todos juntos.

Y al final, Carlos me grita feliz y enamorado:

—¡Princesa Esmeralda, te amoooooo!

26

Despedida de Esmeralda

Así terminamos, amigos lectores, el relato de mi rutina cotidiana del día de hoy. Me despido de todos ustedes.
Suya por siempre y para siempre:

¡Princesa Esmeralda!

FIN

Todos los verbos sin repetir

Notas:

>El número corresponde a la cuenta total de los 594 verbos.

>Todos los verbos aparecen listados sin repeticiones.

1	abandonar
2	abordar
3	abrazar
4	abrir
5	acabar
6	acariciar
7	acceder
8	acelerar
9	aceptar
10	acercar
11	acomodar
12	acompañar
13	aconsejar
14	acordar
15	acostar
16	acostumbrar
17	actuar
18	adivinar
19	admirar
20	adorar
21	afirmar
22	agarrar
23	agitar
24	agradecer
25	agregar
26	aguantar
27	aguardar
28	alargar
29	alcanzar
30	alegrar
31	alejar
32	almorzar
33	alzar
34	amanecer
35	amar
36	amarrar
37	amontonar
38	andar
39	animar
40	anotar
41	antojar
42	anunciar
43	añadir
44	apagar
45	aparecer
46	apasionar
47	apenar
48	apoderar
49	apoyar
50	apreciar
51	aprehender
52	aprender
53	apretar
54	aprovechar
55	aproximar
56	apuntar
57	apurar
58	archivar
59	argumentar
60	armar
61	arrancar
62	arreglar

63 arribar
64 arrojar
65 arrugar
66 asaltar
67 asegurar
68 asentir
69 asistir
70 asomar
71 asombrar
72 asustar
73 atar
74 ataviar
75 atender
76 atinar
77 atravesar
78 atropellar
79 aumentar
80 ausentar
81 avanzar
82 averiguar
83 avisar
84 avistar
85 ayudar
86 bailar
87 bajar
88 bañar
89 barrer
90 bautizar
91 beber
92 besar
93 borrar
94 bostezar
95 brillar
96 brincar
97 brindar
98 bromear
99 brotar
100 bucear
101 buscar
102 caber
103 caer
104 calentar
105 calificar
106 callar
107 calmar
108 cambiar
109 caminar
110 cansar
111 cantar
112 captar
113 capturar
114 carcajear
115 cargar
116 casar
117 causar
118 celebrar
119 cenar
120 cepillar
121 cerrar
122 charlar
123 chocar
124 chupar
125 circular
126 circundar
127 cobrar
128 cocinar
129 coger
130 colgar
131 colmar
132 colocar
133 comentar
134 comenzar
135 comer
136 componer
137 comprar
138 comprender
139 comprobar
140 comunicar
141 concluir
142 concretar
143 conducir
144 conectar
145 confesar
146 conformar
147 congelar
148 conjugar
149 conocer
150 conseguir
151 consentir
152 considerar
153 consistir
154 constar
155 consultar
156 contar
157 contemplar
158 contener
159 contestar
160 continuar
161 contratar
162 controlar
163 conversar
164 convertir
165 convivir
166 corregir
167 correr
168 corresponder
169 corretear
170 cortar
171 crear
172 crecer
173 creer
174 cruzar
175 cubrir
176 cuestionar
177 cuidar
178 cumplir
179 dañar
180 dar
181 deambular
182 deber
183 decidir
184 decir
185 degustar
186 dejar
187 depositar
188 derretir
189 desaparecer
190 desayunar
191 desbloquear
192 descansar
193 descender
194 descomponer
195 desconocer
196 describir
197 descubrir
198 desear
199 desembocar
200 desenvolver
201 desmaquillar
202 desmayar
203 desnudar
204 despedir
205 despeinar
206 despertar
207 destapar
208 desvestir
209 detener
210 determinar
211 develar
212 devolver

213	dibujar
214	dictar
215	digitar
216	dirigir
217	disculpar
218	diseñar
219	disfrutar
220	disminuir
221	disparar
222	disponer
223	distinguir
224	distraer
225	divertir
226	dividir
227	doblar
228	dormir
229	dudar
230	durar
231	echar
232	editar
233	ejercitar
234	elegir
235	eliminar
236	emanar
237	emerger
238	empezar
239	empiyamar
240	emprender
241	empujar
242	enamorar
243	encantar
244	encargar
245	encender
246	encerrar
247	encontrar
248	enfilar
249	enjabonar
250	enloquecer
251	enredar
252	enseñar
253	ensuciar
254	entallar
255	entender
256	entrar
257	entreabrir
258	entregar
259	entrenar
260	entretener
261	enviar
262	envolver
263	equivocar
264	esbozar
265	escapar
266	escoger
267	esconder
268	escribir
269	escuchar
270	esculpir
271	escurrir
272	espantar
273	esperar
274	esquiar
275	estacionar
276	estar
277	estirar
278	estropear
279	estudiar
280	evitar
281	exclamar
282	excusar
283	exigir
284	expandir
285	experimentar
286	explicar
287	explotar
288	expresar
289	expulsar
290	extender
291	extrañar
292	faltar
293	fascinar
294	felicitar
295	fijar
296	filmar
297	finalizar
298	fingir
299	flotar
300	formar
301	fotocopiar
302	fracasar
303	frenar
304	frotar
305	fundir
306	ganar
307	gesticular
308	girar
309	gritar
310	guardar
311	guiñar
312	gustar
313	haber
314	hablar
315	hacer
316	halagar
317	hallar
318	hinchar
319	huir
320	iluminar
321	imaginar
322	impacientar
323	imponer
324	imprimir
325	inclinar
326	incluir
327	indicar
328	iniciar
329	intentar
330	intercambiar
331	internar
332	interpretar
333	interrumpir
334	intervenir
335	intitular
336	intrigar
337	introducir
338	invadir
339	investigar
340	invitar
341	ir
342	jalar
343	jugar
344	juguetear
345	juntar
346	jurar
347	juzgar
348	lanzar
349	lastimar
350	lavar
351	leer
352	levantar
353	limpiar
354	llamar
355	llegar
356	llenar
357	llevar
358	llorar
359	llover
360	localizar
361	lograr
362	luchar

363 lucir
364 manchar
365 mandar
366 manejar
367 mantener
368 maquillar
369 marcar
370 marchar
371 meditar
372 memorizar
373 mentir
374 meter
375 mimar
376 mirar
377 mojar
378 molestar
379 montar
380 morder
381 morir
382 mostrar
383 mover
384 multiplicar
385 musitar
386 nacer
387 nadar
388 narrar
389 necesitar
390 notar
391 nublar
392 obedecer
393 obsequiar
394 observar
395 obtener
396 ocultar
397 ocupar
398 ocurrir
399 oír
400 oler
401 olfatear
402 olisquear
403 olvidar
404 ordenar
405 originar
406 orillar
407 pagar
408 palmear
409 palomear
410 palpitar
411 pararse
412 parecer
413 participar
414 partir
415 pasar
416 pasear
417 patinar
418 pedalear
419 pedir
420 pegar
421 peinar
422 penetrar
423 pensar
424 percatar
425 percibir
426 perder
427 perdonar
428 permanecer
429 permitir
430 perseguir
431 pesar
432 pintar
433 planear
434 plantar
435 platicar
436 poder
437 poner
438 portar
439 posar
440 poseer
441 practicar
442 preferir
443 preguntar
444 prender
445 preparar
446 presenciar
447 presentar
448 presentir
449 pretender
450 principiar
451 probar
452 producir
453 programar
454 prolongar
455 prometer
456 pronunciar
457 proponer
458 proseguir
459 provocar
460 quedar
461 querer
462 quitar
463 rasurar
464 reafirmar
465 realizar
466 reanudar
467 rebasar
468 rebotar
469 rechazar
470 recibir
471 recitar
472 reclamar
473 recoger
474 recomponer
475 reconfortar
476 reconocer
477 recordar
478 recorrer
479 recostar
480 referir
481 reflexionar
482 regalar
483 regar
484 regodear
485 regresar
486 reinar
487 reír
488 relajar
489 releer
490 relumbrar
491 rematar
492 remplazar
493 reparar
494 repasar
495 repetir
496 reportear
497 representar
498 reproducir
499 resaltar
500 resbalar
501 resignar
502 resistir
503 resolver
504 respetar
505 respirar
506 respirar
507 responder
508 restar
509 resultar
510 retar
511 retirar
512 retrasar

513 retroceder
514 reunir
515 revelar
516 revisar
517 revolotear
518 riego
519 rodar
520 rodear
521 roncar
522 rozar
523 ruborizar
524 rumorar
525 saber
526 sacar
527 sacudir
528 salir
529 saltar
530 saludar
531 salvar
532 secar
533 seguir
534 sentar
535 sentenciar
536 sentir
537 separar
538 ser
539 servir
540 significar
541 silbar
542 soler
543 solicitar
544 soltar
545 solucionar
546 sonar
547 sonreír
548 sonrojar
549 soñar
550 sorprender
551 sostener
552 subir
553 subrayar
554 suceder
555 sumar
556 sumergir
557 suponer
558 surgir
559 suspirar
560 susurrar
561 tapar
562 tardar
563 teclear
564 temblar
565 temer
566 tender
567 tener
568 terminar
569 tirar
570 tocar
571 tomar
572 trabajar
573 traer
574 tranquilizar
575 transcurrir
576 transitar
577 transmitir
578 trapear
579 trepar
580 trotar
581 tumbar
582 tutear
583 ubicar
584 usar
585 utilizar
586 venir
587 ver
588 vestir
589 viajar
590 vivir
591 volar
592 voltear
593 volver
594 zumbar

Verbos listados por capítulo y ordenados alfabéticamente

Notas:

>El número corresponde al número de capítulo del libro.

>Todos los verbos aparecen listados sin repeticiones.

1	contar
1	descubrir
1	enseñar
1	escribir
1	haber
1	ir
1	leer
1	llamarse
1	nacer
1	ser
1	tener
1	trabajar
1	ver
1	vivir
2	abrir
2	acomodarse
2	adivinar
2	agitar
2	alcanzar
2	andar
2	apagar
2	aparecer
2	apurarse
2	bañarse
2	bautizar
2	bostezar
2	caer
2	caerse
2	caminar
2	cerrar
2	comenzar
2	comprobar
2	concluir
2	contar
2	contener
2	continuar
2	correr
2	crear
2	dar
2	darse
2	deber
2	decir
2	dejar
2	despertar
2	despertarse
2	destaparse
2	dormir
2	empujar
2	encender
2	escaparse
2	escuchar
2	estar
2	existir
2	explicar
2	flotar
2	gritar
2	guiñar
2	hacer
2	imaginar
2	imaginarse
2	iniciar
2	ir

2	irse	3	agarrar	3	hablar
2	jugar	3	alegrarse	3	hacer
2	leer	3	alejarse	3	imaginar
2	levantarse	3	amar	3	intrigar
2	llamarse	3	andar	3	ir
2	mandar	3	aprender	3	lavarse
2	marcharse	3	apurarse	3	limpiarse
2	mirar	3	argumentar	3	llamar
2	moverse	3	bajarse	3	llamarse
2	parecer	3	bañar	3	llegar
2	pensar	3	bañarse	3	llegar
2	poder	3	buscar	3	llevar
2	poner	3	caer	3	lucir
2	ponerse	3	captar	3	mandar
2	prometer	3	cepillarse	3	meterse
2	quedarse	3	cerrar	3	mirar
2	querer	3	coger	3	mirarse
2	realizar	3	comenzar	3	moverse
2	rebotar	3	confesar	3	narrar
2	recordar	3	conocer	3	observar
2	reír	3	considerar	3	olfatear
2	repetir	3	contar	3	olisquear
2	respirar	3	continuar	3	parar
2	rodar	3	correr	3	pararse
2	roncar	3	creer	3	parecer
2	saber	3	dar	3	pedir
2	sacudir	3	deber	3	peinar
2	salir	3	decidir	3	pensar
2	seguir	3	decir	3	poder
2	sentarse	3	decirse	3	poner
2	sentir	3	dejar	3	ponerse
2	ser	3	desear	3	practicar
2	sonar	3	desnudarse	3	preferir
2	sonreír	3	desvestirse	3	preferir
2	sonrojarse	3	detenerse	3	prender
2	soñar	3	dirigirse	3	principiar
2	suponer	3	echarse	3	quedar
2	tener	3	empezar	3	querer
2	tirar	3	enamorarse	3	quitarse
2	trabajar	3	encontrarse	3	rasurarse
2	ver	3	enjabonarse	3	reconocer
2	volar	3	enseñar	3	recordar
2	voltear	3	entrar	3	regresar
2	volver	3	escuchar	3	repetir
3	abandonar	3	espantarse	3	resbalar
3	abrir	3	estar	3	revelar
3	acabar	3	estudiar	3	ruborizarse
3	acompañar	3	explicar	3	saber
3	aconsejar	3	gustar	3	salir
3	admirar	3	haber	3	secarse

3	seguir
3	sentarse
3	sentir
3	ser
3	sonreír
3	subirse
3	suceder
3	suponer
3	suspirar
3	temer
3	tener
3	terminar
3	trabajar
3	transcurrir
3	venir
3	ver
3	vivir
3	volar
3	voltearse
3	volver
4	abrir
4	alejarse
4	andar
4	arreglarse
4	arreglarse
4	asistir
4	bajar
4	bañarse
4	buscar
4	cenar
4	coger
4	comenzar
4	contemplar
4	contemplarse
4	continuar
4	dar
4	darse
4	deber
4	decir
4	decirse
4	dejar
4	derretirse
4	desear
4	dirigirse
4	elegir
4	encender
4	escoger
4	escuchar
4	estar
4	haber
4	hacer
4	hacerse
4	iluminar
4	ir
4	irse
4	levantarse
4	lucir
4	maquillarse
4	mirar
4	mirarse
4	nadar
4	observar
4	observarse
4	pararse
4	parecer
4	peinar
4	pensar
4	pintarse
4	poner
4	ponerse
4	preferir
4	principiar
4	proseguir
4	quedar
4	regresar
4	saber
4	sentar
4	sentarse
4	ser
4	sonreír
4	suponer
4	suspirar
4	tener
4	terminar
4	tomar
4	transcurrir
4	usar
4	ver
4	verse
4	vestirse
4	volver
5	abandonar
5	acomodar
5	acomodarse
5	acompañar
5	acostumbrar
5	admirar
5	adorar
5	agarrar
5	alejarse
5	almorzar
5	amanecer
5	amar
5	andar
5	animar
5	aparecer
5	apoderarse
5	apreciar
5	apurarse
5	averiguar
5	ayudar
5	bajar
5	barrer
5	brillar
5	buscar
5	callar
5	cambiar
5	caminar
5	casarse
5	cenar
5	chocar
5	cocinar
5	coger
5	colocar
5	comenzar
5	comer
5	conocer
5	contar
5	contemplar
5	controlarse
5	convertirse
5	crear
5	creer
5	dar
5	darse
5	deber
5	decidir
5	decir
5	dejar
5	desaparecer
5	desayunar
5	descubrir
5	desear
5	despertar
5	detenerse
5	devolver
5	dirigirse
5	enamorarse
5	encontrar
5	encontrar

5	encontrarse
5	enseñar
5	ensuciar
5	entender
5	entrar
5	escapar
5	escuchar
5	esculpir
5	esperar
5	estar
5	evitar
5	explicar
5	extrañar
5	fijar
5	finalizar
5	flotar
5	gustar
5	haber
5	hablar
5	hacer
5	huir
5	intentar
5	intercambiar
5	intrigar
5	investigar
5	invitar
5	ir
5	irse
5	jugar
5	lavar
5	levantar
5	levantarse
5	limpiar
5	llamar
5	llamarse
5	llegar
5	llevar
5	mantener
5	marcharse
5	meterse
5	mirar
5	mirarse
5	morderse
5	mostrar
5	mover
5	nombrar
5	notar
5	observar
5	ocurrir
5	originar
5	pagar
5	parar
5	pararse
5	parecer
5	pasar
5	pedir
5	pensar
5	permanecer
5	pintar
5	planear
5	plantar
5	platicar
5	poder
5	poner
5	ponerse
5	preguntar
5	prender
5	preparar
5	principiar
5	producir
5	quedar
5	quedarse
5	querer
5	recibir
5	recordar
5	regresar
5	reír
5	repetirse
5	respetar
5	respirar
5	responder
5	retirarse
5	retroceder
5	rodear
5	saber
5	sacar
5	saltar
5	saludar
5	secar
5	secarse
5	sentar
5	sentarse
5	sentir
5	sentirse
5	ser
5	sonreír
5	sonreírse
5	soñar
5	sorprenderse
5	sostener
5	suceder
5	temblar
5	tener
5	terminar
5	tomar
5	trabajar
5	traer
5	transcurrir
5	trapear
5	ubicar
5	venir
5	ver
5	vestir
5	volar
5	voltear
5	volver
6	abrir
6	acariciar
6	acercarse
6	acomodar
6	acomodarse
6	acompañar
6	acostumbrar
6	agarrar
6	agradecer
6	alcanzar
6	alejarse
6	andar
6	apretarse
6	aproximarse
6	apuntar
6	apurarse
6	bajar
6	brincar
6	cambiar
6	caminar
6	cenar
6	cerrar
6	chupar
6	coger
6	comenzar
6	comer
6	conducir
6	consultar
6	contener
6	continuar
6	cruzar
6	dar
6	deber
6	decir

6	dejar
6	descender
6	descomponerse
6	descubrir
6	despedirse
6	detenerse
6	dirigirse
6	distinguir
6	echar
6	empezar
6	emprender
6	encantar
6	encender
6	encontrarse
6	enseñar
6	entrar
6	escuchar
6	estacionar
6	estar
6	explicar
6	explotar
6	fracasar
6	gritar
6	guiñar
6	gustar
6	haber
6	hacer
6	imaginar
6	intentar
6	ir
6	irse
6	jugar
6	jurar
6	lanzar
6	lavarse
6	levantar
6	llamar
6	llegar
6	llevar
6	lograr
6	mantenerse
6	mirar
6	mojar
6	olvidar
6	ordenar
6	orillar
6	palmear
6	parecer
6	pasar
6	pensar
6	percibir
6	perder
6	poder
6	poner
6	ponerse
6	preguntar
6	prepararse
6	principiar
6	proseguir
6	querer
6	recoger
6	regar
6	reír
6	reírse
6	reparar
6	resignar
6	responder
6	responder
6	responderse
6	retar
6	riego
6	saber
6	sacar
6	salir
6	seguir
6	sentar
6	sentarse
6	sentirse
6	ser
6	silbar
6	sonreír
6	subir
6	subirse
6	suceder
6	suponer
6	tender
6	tener
6	terminar
6	tomar
6	trabajar
6	traer
6	ubicar
6	venir
6	venirse
6	ver
6	volar
6	voltear
7	abordar
7	abrirse
7	acomodarse
7	acompañar
7	andar
7	arribar
7	bajar
7	cogerse
7	comenzar
7	comer
7	comprar
7	continuar
7	cruzar
7	decir
7	derretirse
7	detenerse
7	dirigirse
7	encontrarse
7	entrar
7	esperar
7	estar
7	estudiar
7	haber
7	hacer
7	indicar
7	iniciar
7	introducir
7	ir
7	irse
7	llegar
7	notar
7	oír
7	pasar
7	pensar
7	preferir
7	recorrer
7	reírse
7	resultar
7	saber
7	salir
7	subir
7	tardar
7	trabajar
7	traer
7	venir
7	ver
7	verse
7	viajar
7	vivir
7	volar
8	acelerarse
8	acordarse
8	andar

8	atravesar
8	avistar
8	cenar
8	circundar
8	cruzar
8	dar
8	devolver
8	distinguir
8	enamorarse
8	incluir
8	ir
8	localizarse
8	marchar
8	mirar
8	pensar
8	presentir
8	recordar
8	saludar
8	sentir
8	sentirse
8	ser
8	suspirar
8	tener
8	trabajar
9	abandonar
9	abrir
9	acercarse
9	actuar
9	adivinar
9	agradecer
9	alcanzar
9	anotar
9	apasionar
9	aprender
9	asomar
9	avisar
9	borrar
9	brindar
9	calificar
9	caminar
9	capturar
9	cargar
9	coger
9	comprender
9	comprobar
9	comunicar
9	conjugar
9	consistir
9	constar
9	consultar
9	contemplar
9	contestar
9	convertir
9	corregir
9	corresponder
9	dar
9	darse
9	decir
9	degustar
9	describir
9	descubrir
9	desenvolver
9	despedirse
9	despertarse
9	distinguir
9	dividir
9	empezar
9	encantar
9	encontrar
9	encontrarse
9	enloquecer
9	entender
9	entender
9	entrar
9	entregar
9	escribir
9	escuchar
9	escurrir
9	estar
9	estarse
9	estudiar
9	exclamar
9	expresar
9	finalizar
9	gesticular
9	girar
9	guardar
9	guardar
9	gustar
9	hablar
9	hacer
9	iluminar
9	interpretar
9	ir
9	jugar
9	juntar
9	llegar
9	llevar
9	lucir
9	marcharse
9	memorizar
9	mirar
9	morder
9	multiplicar
9	obsequiar
9	ocultar
9	ocupar
9	ocurrir
9	oler
9	palomear
9	pararse
9	parecer
9	participar
9	pasar
9	pensar
9	platicar
9	poder
9	poner
9	ponerse
9	preguntar
9	pronunciar
9	proseguir
9	provocar
9	quedar
9	querer
9	recibir
9	recordar
9	reflexionar
9	regresar
9	relumbrar
9	repasar
9	repetir
9	resolver
9	resplandecer
9	responder
9	restar
9	resultar
9	retirarse
9	saber
9	salir
9	saludar
9	sentar
9	sentarse
9	sentir
9	ser
9	significar
9	solucionar
9	sonar
9	sonreír
9	soñar

9	subrayar
9	suceder
9	sumar
9	tener
9	terminar
9	tomar
9	utilizar
9	ver
9	verse
10	almorzar
10	apoderarse
10	cenar
10	dar
10	decir
10	encontrarse
10	guardar
10	ir
10	llegar
10	pensar
10	poder
10	recordar
10	ser
10	trabajar
10	tranquilizar
10	venir
11	acabarse
11	actuar
11	aguantarse
11	almorzar
11	andar
11	antojarse
11	aparecer
11	apenarse
11	aprehender
11	aproximarse
11	apuntar
11	asentir
11	beber
11	brotar
11	buscar
11	cambiar
11	caminar
11	carcajear
11	causar
11	charlar
11	cobrar
11	comentar
11	comenzar
11	comer
11	concretar
11	conocer
11	conseguir
11	continuar
11	controlar
11	conversar
11	creer
11	cubrir
11	cuestionar
11	dar
11	darse
11	deber
11	decidir
11	decir
11	desconocer
11	descubrir
11	desear
11	despedirse
11	determinar
11	develar
11	devolver
11	dirigirse
11	empezar
11	enamorarse
11	escoger
11	escuchar
11	esperar
11	estar
11	extenderse
11	faltar
11	fascinar
11	gustar
11	haber
11	hablar
11	hacer
11	hacerse
11	imaginar
11	iniciar
11	invitar
11	ir
11	irse
11	lavarse
11	leer
11	levantar
11	llegar
11	marcharse
11	meditar
11	meterse
11	mirar
11	nadar
11	notar
11	ocurrirse
11	oír
11	olfatear
11	olvidar
11	ordenar
11	palpitar
11	parecer
11	pasar
11	pedir
11	pensar
11	percatarse
11	platicar
11	poder
11	poder
11	poner
11	ponerse
11	poseer
11	preguntar
11	preguntarse
11	probar
11	quedar
11	querer
11	recibir
11	recordar
11	reflexionar
11	regresar
11	reír
11	resistirse
11	responder
11	responder
11	retirarse
11	revolotear
11	rumorar
11	saber
11	sacar
11	salir
11	saludar
11	sentar
11	sentar
11	sentarse
11	sentenciar
11	sentirse
11	ser
11	sonreír
11	sonrojarse
11	soñar
11	sorprender
11	suponer
11	tener
11	terminar

11	tomar	12	descomponerse	12	mantener
11	trabajar	12	descubrir	12	mantener
11	traer	12	desear	12	maquillarse
11	tutear	12	desmaquillarse	12	marcharse
11	venir	12	despedirse	12	meterse
11	ver	12	despeinar	12	mirar
11	verse	12	dirigirse	12	mirarse
11	volar	12	disparar	12	montar
12	abandonar	12	distinguir	12	morirse
12	abrir	12	doblar	12	moverse
12	acercarse	12	durar	12	nadar
12	agregar	12	echarse	12	observar
12	alejarse	12	ejercitarse	12	observarse
12	andar	12	emerger	12	pagar
12	anotar	12	encontrarse	12	pararse
12	aparecer	12	entrar	12	parecer
12	aproximarse	12	entregar	12	pasar
12	arrugarse	12	entrenar	12	patinar
12	atender	12	entretenerse	12	pedir
12	bailar	12	escuchar	12	penetrar
12	bajar	12	esperar	12	pensar
12	bañar	12	esquiar	12	perderse
12	bañarse	12	estacionar	12	perdonar
12	barrer	12	estar	12	pesar
12	brincar	12	estirar	12	poder
12	bucear	12	expandirse	12	ponerse
12	caber	12	explicar	12	ponerse
12	caber	12	fingir	12	practicar
12	calentar	12	frotar	12	principiar
12	cambiarse	12	girar	12	quedar
12	caminar	12	gritar	12	quedarse
12	cantar	12	guardar	12	reafirmar
12	cenar	12	gustar	12	realizar
12	cerrar	12	haber	12	reclamar
12	comenzar	12	hacer	12	recoger
12	comunicar	12	hacerse	12	recordar
12	concluir	12	imaginar	12	regresar
12	confesar	12	imponer	12	reír
12	consultar	12	internarse	12	reírse
12	continuar	12	ir	12	respirar
12	correr	12	irse	12	respirar
12	crecer	12	jugar	12	responder
12	cruzar	12	jurar	12	retirarse
12	dar	12	lanzarse	12	revisar
12	darse	12	levantar	12	saber
12	deber	12	limpiarse	12	sacar
12	decir	12	llamarse	12	salir
12	dejar	12	llegar	12	saltar
12	desaparecer	12	luchar	12	saludar
12	descender	12	lucir	12	seguir

12	sentar
12	sentir
12	sentirse
12	ser
12	soler
12	sonar
12	sonreír
12	subir
12	suceder
12	sumergirse
12	tener
12	terminar
12	tocar
12	traer
12	trapear
12	trotar
12	venir
12	ver
12	verse
12	vestir
12	vestirse
12	volar
12	zumbar
13	acomodarse
13	amontonarse
13	andar
13	andar
13	andar
13	aproximarse
13	atropellar
13	caminar
13	circular
13	colmar
13	comenzar
13	comprar
13	conformarse
13	conocer
13	contemplar
13	continuar
13	correr
13	cruzar
13	cruzarse
13	dar
13	deber
13	decidir
13	desear
13	detenerse
13	detenerse
13	dirigirse
13	encantar
13	espantar
13	estar
13	gustar
13	hacer
13	internarse
13	ir
13	irse
13	lastimar
13	llegar
13	mirar
13	montar
13	pagar
13	pasar
13	pasear
13	pasearse
13	pedalear
13	pensar
13	poder
13	poseer
13	pretender
13	querer
13	regresar
13	resultar
13	seguir
13	sentar
13	ser
13	subirse
13	tener
13	tocar
13	tomar
13	ubicar
13	ver
13	verse
13	viajar
13	vivir
14	acabar
14	acariciar
14	acercarse
14	amarrarse
14	andar
14	andar
14	aparecer
14	aproximarse
14	aproximarse
14	caminar
14	carcajearse
14	cargar
14	comprar
14	consultar
14	correr
14	creer
14	cuidar
14	dar
14	darse
14	decir
14	dejar
14	descansar
14	descubrir
14	detenerse
14	dirigirse
14	divertirse
14	elegir
14	escapar
14	escuchar
14	estar
14	existir
14	haber
14	hablar
14	hacer
14	indicar
14	iniciar
14	ir
14	jalar
14	jugar
14	jurar
14	lanzar
14	leer
14	llamar
14	llorar
14	llover
14	mandar
14	mirar
14	ocurrirse
14	oír
14	parar
14	parecer
14	partir
14	pasar
14	poder
14	poner
14	ponerse
14	preguntar
14	pretender
14	querer
14	reconfortar
14	recordar
14	reírse
14	responder
14	sacar
14	sentar

14	sentarse
14	ser
14	silbar
14	sonreír
14	tener
14	terminar
14	tranquilizar
14	transcurrir
14	ubicar
14	venir
14	ver
14	volar
14	volver
15	abrir
15	acabarse
15	acelerar
15	acercarse
15	andar
15	antojarse
15	aparecer
15	arrancar
15	atravesar
15	aumentar
15	bajar
15	brillar
15	caminar
15	cansarse
15	cargar
15	cerrar
15	chocar
15	circular
15	circular
15	comer
15	comprar
15	conducir
15	consultar
15	continuar
15	convertir
15	correr
15	cruzar
15	cuidar
15	dar
15	darse
15	deber
15	dejar
15	dibujar
15	dibujar
15	dirigirse
15	disminuir
15	divertirse
15	encender
15	entregar
15	estacionar
15	estar
15	frenar
15	frenarse
15	haber
15	hacer
15	ir
15	irse
15	jugar
15	levantarse
15	llamar
15	llegar
15	manejar
15	meterse
15	mirar
15	montar
15	necesitar
15	parar
15	pasar
15	pensar
15	ponerse
15	prenderse
15	principiar
15	querer
15	realizar
15	rebasar
15	recordar
15	sacar
15	salir
15	seguir
15	sentar
15	sentarse
15	ser
15	sonreír
15	subir
15	suponer
15	tener
15	terminar
15	traer
15	transitar
15	treparse
15	ubicar
15	venir
15	ver
15	viajar
15	volar
15	volver
16	abandonar
16	abrirse
16	acordarse
16	andar
16	aparecer
16	avanzar
16	caminar
16	cerrarse
16	coger
16	consultar
16	contratar
16	dar
16	darse
16	decir
16	depositar
16	desear
16	desear
16	digitar
16	dirigirse
16	disponerse
16	entrar
16	estar
16	expulsar
16	formarse
16	haber
16	hacer
16	impacientarse
16	introducir
16	ir
16	llegar
16	llenar
16	molestarse
16	necesitar
16	obtener
16	pagar
16	parar
16	parecer
16	pasar
16	pedir
16	poder
16	preguntar
16	recoger
16	regresar
16	reír
16	retirar
16	sacar
16	salir
16	ser
16	solicitar
16	teclear
16	tener

16	terminar
16	tocar
16	venir
16	ver
16	volver
17	abordar
17	andar
17	arrancar
17	bajar
17	caminar
17	colgar
17	comer
17	comprar
17	comprar
17	consultar
17	dar
17	deber
17	decidir
17	decidirse
17	decir
17	dejar
17	detenerse
17	develar
17	distraerse
17	dudar
17	enfilar
17	entrar
17	escuchar
17	faltar
17	haber
17	hacer
17	hallarse
17	ir
17	llegar
17	llevar
17	mirar
17	obedecer
17	ordenar
17	pagar
17	parar
17	pasar
17	pasear
17	pensar
17	poner
17	reanudar
17	recibir
17	sentarse
17	ser
17	sumarse
17	tener
17	tomar
17	venir
18	abrir
18	acabar
18	acercarse
18	acompañar
18	admirar
18	afirmar
18	agradecer
18	aguardar
18	alejarse
18	andar
18	anunciar
18	aparecer
18	aparecerse
18	apoderarse
18	apreciarse
18	aproximarse
18	apuntar
18	asaltar
18	asistir
18	asistir
18	asustar
18	asustarse
18	atinar
18	avanzar
18	avisar
18	bajar
18	brotar
18	buscar
18	caber
18	calmar
18	caminar
18	celebrarse
18	cerrar
18	chocar
18	coger
18	cogerse
18	colocar
18	comenzar
18	componer
18	comprender
18	comprobar
18	concluir
18	congelar
18	conocer
18	contar
18	contemplar
18	continuar
18	conversar
18	convertir
18	convertirse
18	correr
18	creer
18	cruzarse
18	cubrir
18	dañar
18	dar
18	darse
18	deambular
18	decidir
18	decir
18	decirse
18	dejar
18	desaparecer
18	descubrir
18	desear
18	desembocar
18	desmayarse
18	despedirse
18	determinar
18	develar
18	devolver
18	dictar
18	dirigirse
18	dirigirse
18	disculparse
18	disfrutar
18	empezar
18	encontrar
18	encontrarse
18	entender
18	entrar
18	envolver
18	equivocarse
18	esbozar
18	esconderse
18	escuchar
18	esculpir
18	esperar
18	estar
18	estropear
18	exclamar
18	excusar
18	exigir
18	explicar
18	expresar
18	fijarse
18	filmar
18	gritar

18	guiñarse
18	haber
18	hablar
18	hacer
18	hacerse
18	hallarse
18	imaginar
18	iniciar
18	intentar
18	interrumpir
18	intitular
18	invadir
18	invitar
18	ir
18	irse
18	jalar
18	jugar
18	juzgar
18	llamar
18	llegar
18	llevar
18	lucir
18	manchar
18	maquillarse
18	marcharse
18	meditar
18	mirar
18	moverse
18	notar
18	notar
18	observar
18	observarse
18	ocurrir
18	oír
18	parar
18	pararse
18	parecerse
18	pasar
18	pedir
18	pensar
18	percatarse
18	perderse
18	permitir
18	pintar
18	platicar
18	poder
18	poner
18	ponerse
18	portar
18	posar
18	poseer
18	preguntar
18	preguntarse
18	presenciar
18	principiar
18	programar
18	quedar
18	quedarse
18	querer
18	realizar
18	recomponerse
18	recordar
18	referirse
18	reinar
18	repetirse
18	reportear
18	representar
18	respirar
18	respirar
18	responder
18	retirarse
18	retrasar
18	reunir
18	revisar
18	rodear
18	saber
18	sacar
18	salir
18	saludar
18	seguir
18	sentir
18	sentirse
18	ser
18	significar
18	soltar
18	sonreír
18	sonreírse
18	suceder
18	surgir
18	susurrar
18	tapar
18	temblar
18	tener
18	terminar
18	tirar
18	tomar
18	tomarse
18	trabajar
18	transcurrir
18	transmitir
18	venir
18	ver
18	verse
18	vestir
18	volar
18	volver
18	volverse
19	abandonar
19	abrazarse
19	acariciarse
19	aceptar
19	acercarse
19	acompañar
19	admirar
19	agitarse
19	alargar
19	alzar
19	alzarse
19	amar
19	amarse
19	andar
19	apagarse
19	apoderarse
19	apretarse
19	aprovechar
19	aproximarse
19	armarse
19	asombrarse
19	besar
19	besarse
19	brincar
19	buscar
19	caminar
19	cantar
19	cenar
19	cerrar
19	charlar
19	comenzar
19	confesar
19	conocer
19	consentir
19	contarse
19	continuar
19	corretearse
19	cruzarse
19	dar
19	darse
19	decidirse
19	decir
19	decirse

19	dejarse
19	despedirse
19	detenerse
19	disfrutarse
19	disponer
19	durar
19	emanar
19	empezar
19	emprender
19	enamorar
19	entrar
19	entreabrirse
19	escribir
19	estar
19	experimentar
19	fundir
19	haber
19	hablar
19	hacer
19	imaginar
19	inclinarse
19	internarse
19	invitar
19	ir
19	jugar
19	juguetear
19	juntar
19	llamar
19	llegar
19	lucir
19	mimar
19	mirarse
19	moverse
19	nacer
19	nublarse
19	ocurrir
19	parar
19	pararse
19	pasar
19	pasear
19	pasearse
19	pedir
19	pegar
19	pensar
19	perseguirse
19	platicar
19	poder
19	ponerse
19	prolongar
19	querer
19	reanudar
19	recitar
19	recostarse
19	regalar
19	regodearse
19	regresar
19	reír
19	reírse
19	respirar
19	responder
19	rozarse
19	saltar
19	sentarse
19	sentir
19	sentirse
19	ser
19	soñar
19	subir
19	suspirar
19	temblar
19	tender
19	tenderse
19	terminar
19	tocarse
19	tomar
19	tumbarse
19	ubicar
19	ver
19	vivir
19	volver
20	acariciarse
20	antojarse
20	atar
20	ataviar
20	bailar
20	besarse
20	buscar
20	cenar
20	charlar
20	conformar
20	consistir
20	decir
20	desear
20	detenerse
20	elegir
20	encender
20	encontrar
20	encontrarse
20	entallar
20	entregar
20	envolver
20	escoger
20	estar
20	haber
20	hacer
20	llamarse
20	llegar
20	llevar
20	lucir
20	marcharse
20	mirar
20	mirarse
20	ordenar
20	pararse
20	parecer
20	pasear
20	pedir
20	pegar
20	platicar
20	preguntar
20	querer
20	recibir
20	reírse
20	responder
20	resultar
20	saludar
20	seguir
20	sentar
20	sentarse
20	ser
20	servir
20	solicitar
20	sonreír
20	tomar
20	traer
20	transcurrir
20	ubicar
20	venir
20	vestir
21	abrazar
21	abrir
21	acceder
21	afirmar
21	alzar
21	amar
21	bailar
21	bailar
21	besarse
21	brindar
21	bromear

21	darse
21	deber
21	decir
21	durar
21	enamorar
21	entrar
21	guiñar
21	hacer
21	imaginar
21	iniciar
21	ir
21	levantar
21	levantarse
21	llevar
21	marcharse
21	mirarse
21	pagar
21	pedir
21	pegar
21	pensar
21	proponer
21	querer
21	regresar
21	reírse
21	rematar
21	salir
21	sentirse
21	ser
21	solicitar
21	sonreír
21	soñar
21	subir
21	suspirar
21	susurrar
21	tener
21	terminar
21	traer
22	abandonar
22	abrir
22	acabarse
22	aceptar
22	acompañar
22	alejarse
22	amar
22	amarse
22	andar
22	anunciar
22	añadir
22	apagar
22	apoyar
22	aproximarse
22	apurarse
22	arrancar
22	arrojar
22	asentir
22	atravesar
22	ausentarse
22	avisar
22	bajar
22	bajarse
22	brillar
22	brindar
22	brindar
22	cambiarse
22	caminar
22	casarse
22	cenar
22	cepillar
22	cerrar
22	cocinar
22	coger
22	colgar
22	colocar
22	comenzar
22	conformar
22	conocer
22	consentirse
22	contar
22	continuar
22	conversar
22	cubrir
22	dar
22	darse
22	deber
22	decidir
22	decir
22	decirse
22	dejar
22	desaparecer
22	desear
22	desnudarse
22	dirigir
22	dirigirse
22	disponerse
22	distinguir
22	durar
22	echarse
22	empiyamar
22	enamorarse
22	encargar
22	encargarse
22	encender
22	encontrar
22	enredarse
22	entrar
22	escapar
22	escuchar
22	esperar
22	estar
22	explicar
22	expresar
22	felicitar
22	gritar
22	guiñar
22	haber
22	hablar
22	hacer
22	hinchar
22	iluminar
22	iniciar
22	intervenir
22	ir
22	irse
22	lavar
22	levantar
22	levantarse
22	llamar
22	llegar
22	llevar
22	mandar
22	marcar
22	mentir
22	mimarse
22	mirar
22	mojarse
22	obtener
22	ocupar
22	ocupar
22	parar
22	pararse
22	pasar
22	pedir
22	peinar
22	pensar
22	perderse
22	platicar
22	poder
22	poner
22	ponerse
22	preguntar

22	prender
22	presentar
22	probar
22	querer
22	quitarse
22	reafirmar
22	recibir
22	recoger
22	recordar
22	respirar
22	responder
22	retirarse
22	revisar
22	saber
22	sacar
22	salir
22	saludar
22	sentar
22	sentarse
22	sentenciar
22	sentirse
22	separarse
22	ser
22	servir
22	solicitar
22	soltar
22	sonar
22	sonreír
22	subir
22	suspirar
22	tardar
22	tardarse
22	tener
22	terminar
22	tocar
22	tomar
22	tomarse
22	trabajar
22	traer
22	ubicar
22	ver
22	vestirse
22	volar
22	voltear
22	volver
22	volverse
23	abrir
23	acabar
23	acomodarse
23	andar
23	apagar
23	aparecer
23	apretar
23	archivar
23	bajar
23	borrar
23	buscar
23	cambiar
23	caminar
23	cerrar
23	coger
23	comenzar
23	conectarse
23	continuar
23	crear
23	cumplir
23	deber
23	decidir
23	dejar
23	desear
23	diseñar
23	disfrutar
23	editar
23	eliminar
23	encender
23	encontrar
23	encontrarse
23	entrar
23	entretenerse
23	enviar
23	escribir
23	escuchar
23	estudiar
23	finalizar
23	fotocopiar
23	ganar
23	guardar
23	gustar
23	haber
23	hacer
23	imprimir
23	iniciar
23	introducir
23	ir
23	jugar
23	leer
23	mandar
23	marcharse
23	memorizar
23	mirar
23	mover
23	parar
23	pararse
23	pegar
23	pensar
23	poner
23	ponerse
23	prender
23	quedar
23	querer
23	rechazar
23	reconocer
23	relajarse
23	releer
23	remplazar
23	reproducirse
23	resaltar
23	revisar
23	salir
23	salvar
23	seguir
23	sentarse
23	ser
23	sonreír
23	subir
23	subrayar
23	teclear
23	tener
23	tener
23	terminar
23	trabajar
23	usar
23	ver
23	volver
24	acompañar
24	aguantarse
24	anunciar
24	apagar
24	bailar
24	bostezar
24	charlar
24	contar
24	contestar
24	conversar
24	cruzar
24	deber
24	decidir
24	decir
24	despedirse
24	divertirse

24	dormir
24	encerrarse
24	entrar
24	enviar
24	escuchar
24	estar
24	haber
24	hablar
24	hacer
24	ir
24	irse
24	jugar
24	leer
24	levantarse
24	mirar
24	ocupar
24	pararse
24	platicar
24	preguntar
24	recostar
24	regresar
24	reírse
24	resultar
24	seguir
24	sentar
24	sentarse
24	ser
24	sonar
24	subir
24	suceder
24	tener
24	usar
24	ver
25	acabar
25	acompañar
25	acordarse
25	acostarse
25	acostumbrar
25	alegrarse
25	amar
25	animar
25	aparecer
25	apuntar
25	apurar
25	argumentar
25	armarse
25	asegurarse
25	avisar
25	bajar
25	bañarse
25	calmarse
25	cenar
25	cepillar
25	cepillarse
25	cerrar
25	coger
25	colgar
25	comenzar
25	comunicarse
25	concluir
25	confesar
25	contar
25	contestar
25	convivir
25	cortar
25	crear
25	creer
25	deber
25	decir
25	dejar
25	desbloquear
25	descubrir
25	desmaquillarse
25	despedirse
25	develar
25	dirigirse
25	distinguir
25	dormir
25	enamorar
25	enredarse
25	entender
25	entrar
25	estar
25	explicar
25	flotar
25	gritar
25	haber
25	hablar
25	hacer
25	halagar
25	iluminar
25	intentar
25	ir
25	lavarse
25	llamar
25	llamarse
25	llegar
25	marcar
25	mirar
25	morirse
25	musitar
25	olvidar
25	pararse
25	pedir
25	pensar
25	platicar
25	poder
25	poner
25	ponerse
25	preguntar
25	prender
25	quedarse
25	querer
25	quitarse
25	realizar
25	reír
25	repasar
25	respirar
25	responder
25	reunir
25	revelar
25	sacar
25	salir
25	saludar
25	sentirse
25	ser
25	sonreír
25	sorprenderse
25	subirse
25	taparse
25	tardar
25	tener
25	terminar
25	trabajar
25	venir
25	ver
26	despedirse
26	terminar

LIBRO DE LECTURA

Lista de verbos auxiliares y modales y otros muy comunes

Verbo	Ejemplo
Ser	Yo soy (/hombre/mujer/bonito/bonita/alto/moreno/feliz/soltero/casado/)
Estar	Yo estoy (/feliz/triste/contento/cansado/en la oficina/en casa/con Esmeralda en México/)
Haber	Yo he (/trabajado/comido/partido/) con Esmeralda en México
estar ~ando/~iendo	Yo estoy (/trabajando/comiendo/partiendo/) con la maestra Esmeralda
andar ~ando/~iendo	Yo ando (/trabajando/comiendo/partiendo/) con la profesora Esmeralda
seguir ~ando/~iendo	Yo sigo (/trabajando/comiendo/partiendo/) con Esmeralda
continuar ~ando/~iendo	Yo continúo (/trabajando/comiendo/partiendo/) con Esmeralda
haber ~ado/~ido	Yo he (/trabajado/comido/partido/) con Esmeralda
ir a ~	Yo voy a (/traabajar/comer/partir/) con Esmeralda hoy en la tarde o mañana

Verbo	Ejemplo
ir	Yo voy (/a la escuela/a la universidad/a la oficina/al trabajo/) en bici y en metro
ir	Yo voy (/al trabajo/a la oficina/al colegio/a la uni/) caminando o en camión
caminar	Yo camino (/a la escuela/a la universidad/a la oficina/al trabajo/) todos los días
andar	Yo ando (/a la escuela/a la universidad/a la oficina/al trabajo/) diario
irse	Yo me voy (/rápido/sin prisa/a la escuela/al trabajo/en camión o en metro los martes/)
irse	Yo me voy a la escuela (/a pie/caminando/andando/) y en bici, pero no en camión
venirse	Yo me vengo (/rápido/ahora/dentro de 5 minutos/a las 4 de la tarde/el próximo lunes/)
irse a	Yo me voy (/a la escuela/al trabajo/al parque/a la tienda/) a pie o en bici diario
irse de	Yo me voy (/de la casa/del trabajo/del parque/de la oficina/) todos los días a las 9:00
irse para	Yo me voy para (/la casa/el trabajo/la uni/el colegio/) en taxi los viernes
salir de	Yo salgo (/de la casa/del trabajo/del instituto/del cine/) a las 5:00 los miércoles
salir de	Yo salgo de la oficina para regresar a casa o para ir al cine
dejar	Yo dejo (/la recámara/la casa/el instituto/la oficina/)

Verbo	Ejemplo
marcharse	Yo me marcho (/de la sala/de la habitación/de la oficina/del restaurante
dirigirse a/hacia/para	Yo me dirijo (/a la cocina/al baño/al trabajo/a la empresa/a la tienda/al colegio/)
Yo me dirijo (/a la cocina/al baño/al trabajo/a la empresa/a la tienda/al colegio/)	Yo parto (/a México/hacia Francia/para Noruega/de Italia/desde Rusia/)
venir	Yo vengo (/rápido/con calma/de la casa/del trabajo/del restaurante/de la tienda/)
regresar	Yo regreso (/rápido/con calma/de la casa/del trabajo/del colegio/de la oficina/)
volver	Yo vuelvo (/rápido/con calma/de la casa/del trabajo/del colegio/de la oficina/)
empezar a ~	Yo empiezo a trabajar con Esmeralda en el instituto de español a las 9:00 de la mañana
comenzar a ~	Yo comienzo a estudiar español con Esmeralda en la universidad esta semana
iniciar a ~	Yo inicio a estudiar español con Esmeralda en el instituto en México el próximo verano
principiar a ~	Yo principio a trabajar con Esmeralda en la universidad todos los días a la misma hora
ponerse a ~	Yo me pongo a trabajar con Esmeralda en la escuela a las 8:00 de la mañana diario
estar por ~	Yo estoy por terminar la tarea de español
estar a punto de ~	Yo estoy a punto de empezar a estudiar español con Esmeralda esta semana.

Verbo	Ejemplo
continuar ~ando/~iendo	Yo continúo trabajando con la maestra Esmeralda en el instituto de idiomas en México
seguir ~ando/~iendo	Yo sigo estudiando con la profesora Esmeralda en el instituto de idiomas en México
proseguir ~ando/~iendo	Yo prosigo trabajando con Esmeralda en el instituto de idiomas en México
reanudar ~ando/~iendo	Yo reanudo mi trabajo con Esmeralda en el instituto de idiomas en México
volver a ~ando/~iendo	Yo vuelvo a copiar el reporte de idiomas de Esmeralda en la oficina
regresar a ~ando/~iendo	o regreso a escribir el reporte de idiomas con Esmeralda en la oficina
terminar de ~	Yo termino de platicar con la maestra Esmeralda en el Instituto de México
acabar de ~	Yo acabo de comer con la profesora Esmeralda en el restaurante de la universidad
finalizar de ~	Yo finalizo de estudiar español con la profesora Esmeralda en el Instituto de México
dejar de ~	Yo dejo de trabajar con la profesora Esmeralda a la misma hora todos los viernes
parar de ~	Yo paro de trabajar con Esmeralda en la escuela a las 8:00 de la mañana los martes
estar por ~	Yo estoy por comenzar a estudiar español con Esmeralda en el Instituto de México
estar a punto de ~	Yo estoy a punto de terminar de estudiar español con la profesora Esmeralda

Verbo	Ejemplo
apurarse a ~	Yo me apuro a terminar mi tarea de español para ir a jugar con mis amigos al parque
apresurarse a ~	Yo me apresuro a terminar mi tarea de español para salir a jugar con mis amigos
darse prisa para ~	Yo me doy prisa para terminar mi tarea de español para ir a jugar al parque
volver a ~	Yo vuelvo a prender la televisión para ver las noticias
acabar de ~	Yo acabo de prender la televisión para ver las noticias
estar por ~	Yo estoy por salir de casa para ir al cine con mi novia Esmeralda
estar a punto de ~	Yo estoy a punto de salir de casa para ir al cine con mi novia Esmeralda
poder ~	Yo puedo trabajar felizmente con Esmeralda en la oficina todos los días
Yo podría ~	Yo podría revisar el libro con la maestra Esmeralda en el salón de clases
deber ~	Yo debo enviar una carta a la maestra Esmeralda todos los lunes
Yo debería ~	Yo debería leer el reporte en la oficina de la maestra Esmeralda más tarde
tener que ~	Yo tengo que escribir un correo electrónico en español para la profesora Esmeralda
Yo tendría que ~	Yo tendría que corregir la tarea de español ahora mismo

Verbo	Ejemplo
querer ~	Yo quiero estar en la clase de español con la maestra Esmeralda
Yo quisiera ~	Yo quisiera jugar con mi amiga Esmeralda en el parque
preferir ~	Yo prefiero palticar en español con mi amiga Esmeralda en el instituto de idiomas
Yo preferiría ~	Yo preferiría ir al cine con mi novia Esmeralda esta tarde
Yo más bien prefiero ~	Yo más bien prefiero hablar en español con mi novia mexicana
Yo mejor debería ~	Yo mejor debería traducir la carta del español al francés, ruso, chino y noruego
Tú me dejas ~	Tú me dejas ir al cine con mi novia Esmeralda
Tú me das permiso de ~	Tú me das permiso de ir al cine con mi amiga Esmeralda.
Tú me das permiso para ~	Tú me das permiso para ir al cine con mi amiga Esmeralda
Tú me autorizas a ~	Tú me autorizas a firmar el reporte de trabajo
Tú me permites ~	Tú me permites ir al cine con mi novia Esmeralda
amar	Yo amo jugar en el parque con mi amiga Esmeralda todos los domingos por la mañana.
adorar	Yo adoro correr en el parque con mi novia Esmeralda todos los fines de semana

Verbo	Ejemplo
gustar	A mí me gusta trabajar con Esmeralda en la oficina por las tardes
encantar	A mí me encanta platicar con Esmeralda en la oficina todos los días
interesar	A mí me interesa aprender español con Esmeralda para ir a México
importar	A mí me importa hablar bien el idioma español
fascinar	A mí me fascina escuchar el idioma español con la profesora Esmeralda
apasionar	A mí me apasiona hablar en español con mi novia Esmeralda
tratar de	Yo trato de llegar a la oficina a las 8:00 de la mañana los lunes y viernes
intentar	Yo intento salir temprano de la universidad para ir al cine con Esmeralda
lavarse las manos	Yo me lavo las manos antes de comer
despertarse	Yo me despierto en mi recámara a las 6:15 de la mañana de lunes a viernes
antonjársele a uno	A mí se me antoja mucho un delicioso taco al pastor con mucha salsa
Hay que ~	Hay que enviar la carta en español a México hoy en la tarde

Las preguntas y los pronombres interrogativos

Las preposiciones más usadas con los pronombres interrogativos son:

a
con
de
desde
en
hasta
para
por
sin

Los pronombres interrogativos son:

¿qué?
¿a qué?
¿con qué?
¿de qué?
¿desde qué?
¿en qué?
¿hacia qué?
¿para qué?
¿por qué?
¿sin qué?
¿quién?
¿a quién?
¿con quién?
¿de quién?
¿desde quién?
¿hacia quién?
¿para quién?
¿por quién?
¿sin quién?

¿cómo?
¿de qué forma?
¿de qué manera?
¿de qué modo?

¿dónde?
¿a dónde?
¿adónde?
¿de dónde?
¿desde dónde?
¿en dónde?
¿hacia dónde?
¿hasta dónde?
¿para dónde?
¿por dónde?

¿cuándo?
¿de cuándo?
¿desde cuándo?
¿hasta cuándo?
¿para cuándo?
¿por cuándo?

¿qué hora?
¿a qué hora?
¿de qué hora?
¿desde qué hora?
¿hasta qué hora?
¿para qué hora?

¿por qué hora?
¿qué hora es?
¿qué horas son?

¿por qué?
¿a causa de qué?
¿debido a qué?
¿por qué causa?
¿por qué motivo?
¿por qué razón?

¿cuál? *
¿a cuál?
¿con cuál?
¿de cuál?
¿desde cuál?
¿en cuál?
¿hacia cuál?
¿hasta cuál?
¿para cuál?
¿por cuál?
¿sin cuál?

* **Nota:** recuerda que ¿cuál? tiene la siguiente variante en el plural: ¿cuáles?

¿cuánto? *
¿a cuánto?
¿con cuánto?
¿de cuánto?
¿desde cuánto?
¿en cuánto?
¿hasta cuánto?
¿para cuánto?
¿por cuánto?
¿sin cuánto?

* **Nota:** recuerda que ¿cuánto? tiene las siguientes variantes: ¿cuánto?, ¿cuánta?, ¿cuántos? y ¿cuántas?

Los conectores y las palabras estructurales

Conjunciones, palabras y frases estructurales que se utilizan para:

Añadir, agregar, sumar, adicionar, etc.

además
además de
adicionalmente
e
en suma
es más
igual
también
y

Indicar secuencia, continuación, orden, etc.

a veces sí y a veces no
al fin
al final
alternadamente
como primer punto
como segundo punto
como tercer punto
de forma alternada
de manera alternada
de modo alternado
después
en primer lugar
en segundo lugar
en tercer lugar
entonces
entre tanto
finalmente
luego
mientras tanto
posteriormente
primero
segundo
subsecuentemente
tercero
ulteriormente
unas veces sí y otras veces no
uno sí y otro no

Ejemplificar, ilustrar, etc.

como ejemplo
como en el caso de
como se muestra en
como se ve en
igual que
para ejemplificar
para ilustrar
por ejemplo
si es el caso
si fuera así
si tal es el caso
tal como
tal como es
tal es el caso de
tal y como es
tal y como se muestra en

Indicar causa y efecto.

así que
como consecuencia
consecuentemente
dado que
de ahí que

de esta manera
de tal modo que
debido a ello
debido a eso
en consecuencia
en consecuencia
por consiguiente
por ello
por eso
por lo que
por lo tanto
porque
pues
pues así
puesto que
si es así entonces
si fuera así entonces
supuesto que
ya que

Comparar, indicar semejanza, similitud, igualdad, diferencia, etc.

así mismo
asimismo
como
como pasa con
como si
como sucede con
de igual forma
de igual manera
de igual modo
de la misma forma
de manera parecida a
de manera semejante a
del mismo modo
igualmente a
lo mismo que
parecido a
semejante a
semejantemente a
si bien
similar a
similarmente a

Indicar excepción, salvedad, condición, objeción, etc.

a condición de que
a excepción de
a menos que
a no ser porque
a no ser que
a pesar de
al contrario
al margen de
aparte de
aun así
aun si
aunque
bajo la condición de que
como mucho
como mucho
como si
con excepción de
con la condición de que
con la excepción de
con la salvedad de
con que
con tal de que
con tal de que
contrariamente a
de ser así
en tal caso
en tanto que
en todo caso
excepto
exceptuando
incluso si
lo otro es que
mas
más bien al contrario
pero
por el contrario
por lo demás
salvo
salvo que
si
si acaso
si bien
si bien
si es así
si es el caso
si fuera así
si no
si solamente
si sólo
si y sólo si
siempre que
siempre y cuando
sin embargo
sino
sólo si
todo menos

Contrastar, indicar alternancia, disyunción, diferencia, etc.

a diferencia de
a la inversa
a no ser que
al contrario
al contrario de
alternativamente
considerando que
contrariamente
contrariamente a
contrariamente a
contrariamente de
de forma contraria
de forma distinta
de forma distinta a
de forma distinta de
de forma inversa
de manera contraria
de manera distinta
de manera distinta a
de manera distinta de
de manera inversa
de modo contrario
de modo distinto
de modo distinto a
de modo distinto de
de modo inverso
de otra forma
de otra manera
de otro lado
de otro modo
de un lado
de un modo
de una forma
de una manera
diferente a

diferente de
distinto a
distinto de
en cambio
en lugar de
en otra mano
en una mano
en vez de
inversamente
mejor
mientras que
no como
o
por el contrario
por otra parte
por otro lado
por un lado
por una parte
u

en particular
en primer lugar
en primera instancia
en primerísimo lugar
en principio
enfáticamente
especialmente
más que nada
mejor dicho
muy especialmente
muy particularmente
particularmente
por cierto
primeramente
primero
principalmente
seguramente
sobre todo

Enfatizar, realzar, hacer hincapié, etc.

antes que nada
antes que todo
ante todo
ciertamente
con certeza
con seguridad
con toda certeza
con toda seguridad
de forma enfática
de forma especial
de forma particular
de hecho
de manera enfática
de manera especial
de manera particular
de manera significativa
de modo enfático
de modo especial
de modo particular
de verdad
efectivamente
en efecto
en especial

Preguntas de comprensión de lectura

Capítulo 1

1. ¿Cuál es el nombre completo de la protagonista de la historia?
2. ¿En dónde nació Esmeralda?
3. ¿Con quién vive Esmeralda?
4. ¿Qué idioma enseña Esmeralda?
5. ¿Cuántos libros ha escrito la maestra Esmeralda?

Capítulo 2

1. ¿A qué hora suena la alarma del despertador?
2. ¿Pomboncito es real?
3. ¿Cómo es Pomboncito?
4. ¿Quién es la mascota de Esmeralda?
5. ¿Qué día es en la historia?

Capítulo 3

1. ¿Esmeralda se cepilla sus dientes primero y luego se lava las manos?
2. ¿Quién es Carlos?
3. ¿Dónde conoció Esmeralda a Carlos?
4. ¿Cuál es el secreto de Esmeralda?
5. ¿Por qué Carlos le dice Bebé a Esmeralda?

Capítulo 4

1. ¿Qué tipo de ropa elige Esmeralda para vestirse?
2. ¿En dónde se maquilla Esmeralda?
3. ¿Esmeralda ve las noticias en la televisión o las escucha en el radio?
4. ¿En qué piensa Esmeralda cuando está parada junto a la ventana de su recámara?
5. ¿Cómo es la apariencia de Esmeralda?

Capítulo 5

1. ¿Quiénes conforman la familia de Esmeralda?
2. ¿Quiénes están ayudando a poner la mesa para el desayuno?

3. ¿Qué está haciendo Carlos Soles en el CEPE?
4. ¿Qué piensa Carlos Soles de Esmeralda?
5. ¿Qué hace Esmeralda en la cocina después de desayunar?

Capítulo 6

1. ¿Quién trata de mojar a Pomboncito con la manguera en el jardín de la casa?
2. ¿Adónde va Esmeralda después de tender la cama en su recámara?
3. ¿Cómo se va Esmeralda a su trabajo?
4. ¿Qué le gusta hacer a Esmeralda en el CEPE de la UNAM?
5. ¿Qué es un piropo?

Capítulo 7

1. ¿Pomboncito viaja en metro junto con Esmeralda?
2. ¿Pomboncito puede o sabe hablar?
3. ¿En cuánto tiempo va a llegar Esmeralda a su trabajo en el CEPE?
4. ¿Qué ocurre cuando el metro llega a una estación?
5. ¿Quién dice: "estoy viendo pasar a ¡Mi Princesa!"?

Capítulo 8

1. ¿Cómo son los muros circundan toda la universidad?
2. ¿Qué hay a un lado de la puerta de la entrada principal del CEPE?
3. ¿Quiénes saludan a Esmeralda cuando entra en el CEPE?
4. ¿En dónde está ubicado el salón de clases de Esmeralda?
5. ¿Qué presiente Esmeralda por primera vez?

Capítulo 9

1. ¿Qué le dice Vladimir a Esmeralda?
2. ¿Qué les dice Esmeralda a sus alumnos?
3. ¿Cuántas oraciones hay en el listado completo que tiene Esmeralda?
4. ¿Qué es un mimo-maestro?
5. ¿Por qué le gusta a Esmeralda el chocolate?

Capítulo 10

1. ¿Qué piensa hacer Esmeralda en la hora del descanso?
2. ¿En dónde almuerza Esmeralda?
3. ¿A quién puede encontrarse Esmeralda en los pasillos o en la cafetería del CEPE?
4. ¿Qué dijo Carlos?
5. ¿A qué hora venir Carlos al CEPE?

Capítulo 11

1. ¿Cómo es la cafetería del CEPE?
2. ¿Qué quiere desayunar Esmeralda?
3. ¿Qué significa la oración: "La boca se le hizo agua..."?
4. ¿Con quiénes desayuna Esmeralda en la terraza de la cafetería?
5. ¿Quiénes no creen que Carlos Soles se pueda enamorar de una maestra del CEPE?

Capítulo 12

1. ¿Cómo se llama el maestro de natación de Esmeralda?
2. ¿Quién está enamorado de Esmeralda?
3. ¿Qué hay dentro del casillero de Esmeralda?
4. ¿Quiénes miran a Esmeralda mientras ella nada?
5. ¿Qué le ocurre a Esmeralda cuando pasa por el gimnasio después de nadar?

Capítulo 13

1. ¿Cuál es la avenida que más le gusta a Esmeralda?
2. ¿Qué vehículo utiliza Esmeralda para recorrer la ciudad?
3. ¿En dónde deja Esmeralda la bicicleta finalmente?
4. ¿Qué animal se le cruza a Esmeralda durante su viaje en bicicleta?
5. ¿En dónde descansa Esmeralda?

Capítulo 14

1. ¿El día es lluvioso?
2. ¿Qué edad tiene la niña que juega en el parque?
3. ¿Qué recuerda Esmeralda al ver a la niña jugando en el parque?
4. ¿Quién le envía un regalo a

Esmeralda?
5. ¿Quién se detiene cerca de los zapatos de Esmeralda?

Capítulo 15

1. ¿Quién es Tortuguitauto Zumzum?
2. ¿Esmeralda sabe manejar?
3. ¿Esmeralda sale del parque mientras maneja su Tortuguitauto Zumzum?
4. ¿Por qué los papás de Esmeralda no pueden ver a Tortuguitauto Zumzum?
5. ¿Qué hace Esmeralda después de manejar su Tortuguitauto Zumzum?

Capítulo 16

1. ¿Cómo llega Esmeralda al banco?
2. ¿A qué va Esmeralda al banco?
3. ¿Esmeralda se impacienta y se molesta mientras hace fila para sacar dinero?
4. ¿A qué entra Esmeralda a los cajeros automáticos?
5. ¿Esmeralda contrata un seguro de vida?

Capítulo 17

1. ¿Cómo se va Esmeralda al centro comercial?
2. ¿Esmeralda hace compras en el centro comercial?
3. ¿Qué compra Esmeralda en el centro comercial?
4. ¿Qué piensa Esmeralda a las 4:40?
5. ¿Qué es una ceremonia de develación de obras de arte?

Capítulo 18

1. ¿Cómo van vestidos los hombres y mujeres que pasean por el CEPE?
2. ¿Cuántas obras va a develar Carlos?
3. ¿A qué lugar fue Esmeralda a retocar su maquillaje?
4. ¿Qué le causa preocupación y hasta cierto temor a Esmeralda?
5. ¿Cómo imagina Esmeralda la pintura secreta de Carlos?

Capítulo 19

1. ¿Cómo es el parque?
2. ¿Con quiénes se cruzan Esmeralda y Carlos?
3. ¿Qué siente Esmeralda cuando Carlos le confiesa sus sentimientos?
4. ¿Por qué Carlos le dice a Esmeralda: "Tú eres para mí: mi Princesa Esmeralda"?
5. ¿Qué hacen Carlos y Esmeralda cuando ya son novios?

Capítulo 20

1. ¿Qué hay en el restaurante Ensueño?
2. ¿En dónde está ubicada la mesa que pide Esmeralda?
3. ¿Qué pide Esmeralda para cenar?
4. ¿Quiénes tocan música en el bar?
5. ¿Qué hacen Esmeralda y Carlos mientras esperan su cena?

Capítulo 21

1. ¿Por qué brindan Esmeralda y Carlos?
2 ¿Cómo bailan Esmeralda y Carlos?
3. ¿Qué le susurra al oído Carlos a Esmeralda?
4. ¿Adónde se dirigen Esmeralda y Carlos después de cenar?
5. ¿A qué se refiere Esmeralda al decir: "a nuestro palacio"?

Capítulo 22

1. ¿Qué hacen Esmeralda y Carlos cuando se bajan del automóvil?
2. ¿En dónde está la familia de Esmeralda?
3 ¿Qué está viendo la familia de Esmeralda en la televisión?
4. ¿Qué piensa el papá de Esmeralda acerca de Carlos Soles?
5. ¿Qué es lo que Daniel le cuenta a toda la familia?

Capítulo 23

1. ¿Qué va a hacer al estudio Esmeralda?
2. ¿Para quién escribe una carta Esmeralda?
3. ¿Qué hace Esmeralda después de trabajar un rato en la computadora?
4. ¿Esmeralda es buena

jugando al ajedrez contra la computadora?
5. ¿Cuánto tiempo estuvo Esmeralda en el estudio?

Capítulo 24

1. ¿Qué hace la mamá de Esmeralda?
2. ¿Quién llama a la casa por teléfono?
3. ¿A qué juega Esmeralda con su papá?
4. ¿Qué quiere Esmeralda contarle a su papá, pero finalmente no lo hace?
5. ¿Quiénes suben a su recámara jugando, riéndose y bailando?

Capítulo 25

1. ¿Pomboncito está en la recámara de Esmeralda?
2. ¿Qué se pone Esmeralda para dormir?
3. ¿Qué es una videollamada telefónica?
4. ¿Cuál es el verdadero secreto de Carlos?
5. ¿Cómo es Pomboncita física y emocionalmente?

Made in the USA
Columbia, SC
12 April 2025

56347065R00067